210×297
mm

「A4」1枚チラシで今すぐ売上をあげるすごい方法

「マンダラ広告作成法」で売れる
コピー・広告が1時間でつくれる！

岡本達彦
販促コンサルタント

ダイヤモンド社

はじめに

チラシのつくり方を変えただけで即完売！

まずは、４ページにある1枚のチラシを見てください。

京都市にある高級魚料理店のものです。

このお店は、天然魚を扱う本格的なお店で、もとは夜のみの営業をしていました。新鮮なお魚が食べられるということで、ビジネスパーソンを中心としたお客様から一定の人気を集めています。

ただお客様には固定客が多く、売上は順調であるものの、横ばい傾向が続いている悩みを持っていました。しかも店舗が閑静な住宅街にあることもあり、なかなかお店を知ってもらうことができずにいたのです。

そんな中で起こった、新型コロナウイルスの感染拡大。

緊急事態宣言下で夜の営業は制限され、このままではお店がもたなくなります。

図 0-1　**改善前のチラシ**

そこでお店としては、新しくテイクアウトのお弁当の販売を始め、ご近所の人々に知ってもらおうとチラシをつくって配ったのです。

こうして、できたのが図0－1のチラシです。

「さかな波波、手作りお弁当始めます」

高級魚料理店が、880円という低価格で、ランチのお弁当を始めるのです。これはかなりおトクだし、限定の20食はすぐ完売する

図 0-2　**改善後のチラシ**

のではないか……？

しかし結論を言うと、まったく売れませんでした。

このままではいけない。そこで新しいチラシをつくろうということになり、私どもの京都のアドバイザーが相談を受けました。

その際、店主さんには「あること」をしていただいたのですが、その結果、出来上がったのが図０－２のチラシです。

まったくお客様を呼び込めなかった図０－１のチラ

シに対し、新しい図0-2のチラシは、近隣にポスティングと店内で配っただけで20食完売を達成することに成功しました。

一体、何が変わったというのでしょうか?

それこそが本書を通して、あなたにお伝えしたいことです。

店主さんにお願いした「あること」。

これが本書で述べる**「マンダラ広告作成法」**に他なりません。

具体的に「マンダラ広告作成法」とは、一体どんなものなのか?

種明かしをすれば、8~9ページの図0-3が、「マンダラ広告作成法シート」です。

シートにある8マスの問いに答えを埋めていくのがその方法になります。詳しくは本書の第3章で説明しますが、今、本書を手にとった多くの方が何より知りたいのは、どうしてこの「マンダラ広告作成法」にそれだけの効果があるのかだと思います。

画期的な販促手法として注目された「A4」1枚アンケート

ここで改めて、私自身のことを紹介させてください。

私は広告制作会社で100億円を超える販促展開を見てきたあと、販促専門のコンサルタントとして独立しました。

私にとって転機になったのは、『「A4」1枚アンケートで利益を5倍にする方法――チラシ・DM・ホームページがスゴ腕営業マンに変わる！』（ダイヤモンド社）という本を出版したことです。

お陰様でこの本は、「アマゾン上陸15年、『売れたビジネス書』50冊」にもランクインし、コンサルタント業務は、順番待ちになるほどの人気を集めるようになりました。

どうしてこの本がそんなに売れ、人気が集まったのか？　それは「『A4』1枚アンケート」で作成したチラシやホームページなどに、それだけ効果があったからです。

この理由は、別に難しいことではありません。

アンケートによって明らかにするのは、**「売っている商品や扱っているサービスを、お客様がどうして購入する気になったのか？」**です。

名前

↑【見ない・読まない】↓
興味がない人に目をとめてもらって、読んでみようと思ってもらうパーツ

❺ターゲットコピー（⑤＋方へ　など）　※悩み（欲求）等を持っている人に「あなたの為の案内ですよ」と気づいてもらう。

❸キャッチコピー（③＋カテゴリー名（部類・分類・ジャンル）＋商品（サービス）名　など）
※「悩み（欲求）等が解消できる良い商品（サービス）がありますよ！」というコピーを書いて読み続けてもらう。

↑【信じない・欲しくない】↓
興味を持った人に信じてもらって欲しいと思ってもらうパーツ

❹裏付けとなる証拠
（こちらをご覧ください＋④　など）
※キャッチコピーが実現出来そうと思ってもらえる証拠や資格を書いて信用してもらう。

❶オファー（商品名・価格　など）
※商品情報について詳しく書く。

商品写真（補足イラスト）

❷ボディコピー（理由）
（ここがスゴイ！3つのポイント＋②　など）
※キャッチコピーが実現できる理由を書いて納得してもらう。

↑【買わない・行動しない】↓
欲しいと思った人にすぐ購入してもらうパーツ

❻リスク対策（よくある質問＋⑥　など）
※不安を取り除く為の対策を提示し、お客様が買わない理由をなくす。
多い場合はQ&A形式。

❼行動喚起（〇〇の為、限定△△個など）
※今すぐ購入しないといけない理由を書く。なければ空けておく。無理してつくらない。

❽購入方法＆購入先（⑧店名・電話番号　など）
※ターゲットが一番購入しやすい方法を大きく書く。それ以外にも様々な購入方法を書いて購入しやすくする。

作成マンダラ

図 0-3 「マンダラ広告作成法シート」はこれ！

「マンダラ広告作成法」シート　商品（サービス）・チラシ・片面版

～で悩んでいる（困っている）	～を考えている（検討している）	～をしたくない（面倒くさい）	なれる（実現する）	ラクになる（簡単になる）	速くなる（短くなる）	写真・データ数字	販売数取引数	資格・特許
～が出来ない（わからない）	⑤商品を買って喜ぶ人はどんな人（状態）？	～が足りない（減っている）	得られる（学べる）	③商品を使う事によってお客様はどんな良い事（状態）になる？	増える（長くなる）	表彰・認定コンテスト	④信用してもらえる証拠・語れる資格は？	公的・有名取引実績
～に不安がある（不満がある）	～してしまう（やめられない）	～でいいのか（逃れたい）	出来るようになる（わかる）	解消できる（軽減できる）	喜ばれる（褒められる）	推薦文・お客様の声	マスコミ出演・掲載実績	ランキング初・歴史
素材（材質・内容）	技術（作り方・やり方）	人（作った・やる人）	⑤ターゲットコピー	③キャッチコピー	④裏付けとなる証拠	使用する写真（イラスト）	価格（販売・参加費）	内容（素材・流れ）
所持（道具・仲間）	②ライバルより勝ってる所は？（拘りや目新しさでもOK）	ルート（仕入れ）	②ボディコピー	商品名（サービス名）	①オファー	日時（工期・期限）	①商品（サービス）情報	場所（産地・開催）
使い道	対応（フォロー）	特典	⑥リスク対策	⑦行動喚起	⑧お問い合わせ	大きさ・重さ形状・色・味	対象・制限バリエーション	想い（プロフィール）
説明（よくある質問）	お試し（サンプル）	お客様の声（見学）	数量・人数が限られている	期間・時期が限られている	場所・地区が限られている	会社・店名（担当）	住所・地図（駐車場有無）	電話番号（FAX）
保証（返金・品質）	⑥何があれば不安なくすぐ購入できる？	～の対応可能	年齢・職種が限られている	⑦今、購入しないといけない理由は何かある？	次回の入荷（開催）が不明	ホームページ・ブログ・SNS	⑧会社やお店の情報&購入方法	メール・LINEID
こんな方もOK	支払い方法（カード・代引き）	厳守（秘密・納期）	今だけ特典・割引がある	今だけ～の対応が可能	手遅れになる・予想される	営業時間・定休日	QRコード（〇〇で検索）	申込書記入欄

発想マンダラ

それを多くの人は知らないままで広告をつくるから、販促や宣伝にいまひとつ効果が出ないのです。

実際にその商品（サービス）を買ったお客様に、その理由を聞くのが一番手っ取り早いし、それを宣伝材料にすることで、同じニーズを持った他のお客様の心に響く広告がつくれるようになります。

いわば「お客様が買った理由」を、ダイレクトに「広告の要素」に反映する方法こそ「『A4』1枚アンケート」広告作成法の真髄だったわけです。

ただ、この方法にも弱点はありました。それは**新規事業であったり、新しく開発した商品には、「A4」1枚アンケートが取れないこと**です。買った理由を聞くべきお客様が、まだゼロの状態なのですから、これは当然のことです。

しかしながら先ほど紹介した高級魚料理店のように、現在多くの経営者さんや店主さんが、「新しい商品（サービス）」や「新しい事業」に取り組まなければならなくなっています。

これから、その傾向はますます増えていくでしょう。

なんとか「お客様がいない状態」でも、「お客様が購入する理由」を予測し、それをチラシやホームページなどの販促に活用できる方法はないか？　私はさまざまな方法を考案し検証しました。

そして一番効果的だった方法が、本書で紹介する「マンダラ広告作成法」なのです。

売上アップをもたらす再現性のあるノウハウ

本当に「マンダラ広告作成法」は、効果があるのでしょうか？

再び、図０－１と図０－２を見比べてみてください。

こちらの高級魚料理店の店主さんも、新しく販売するお弁当に対して、「お客様がどんな理由で購入するか」は読めませんでした。

だから「高級魚料理店が（安く）弁当をつくります！」といった、「お店の言いたいこと」だけを集めたようなチラシしかできなかったのです。

ところが「マンダラ広告作成法」を使うことで、**「健康的」「手づくり」「素材」というお客様のニーズを突くキーワードを導き出し、「無添加」「数はつくれない」という要素を、宣伝材料に活用することができた**のです。「健康的」をうったえたことで、他の脂っこい弁当との差別化もでき、チラシの販促は成功しました。

もちろん、こんなふうに「マンダラ広告作成法」を使えば、必ず最初からうまくいくというほど簡単ではありません。売上を上げていくためには、ある程度の試行錯誤や、いわゆるPDCAによる検証も必要になりますが、そのやり方も本書では紹介していきます。

すでに「マンダラ広告作成法」も、私から学んだアドバイザーたちが全国で活用するようになり、何百万円、何千万円もの売上アップをクライアントさんにもたらしています。なかには**「新入社員がマンダラ広告作成法でチラシをつくり、配ってみたらいきなり100万円の売上を上げた」**などというケースもあります。

また、新規事業や新商品だけでなく、アンケートがとりにくい会社やお店にも「マンダラ広告作成法」は活用され、成果を出しています。

本書のゴールは、**誰もがゼロからでも「マンダラ広告作成法」を使って、売れるチラシやランディングページ**（検索などを経由して訪問者が最初に訪れるページ）の原稿を短時間で**つくれるようになること**です。そのためのノウハウを出し惜しみなく説明しました。

取り上げるさまざまな事例は、あえてデザイン的に洗練されてはいないものを中心に紹介しています。なぜなら、こういう普通のチラシやランディングページでも、一定の効果が出せることを皆さんに知ってほしかったからです。

また机上の空論ではないことを知っていただくために、実際に使ったツールを載せてあるので、見にくい事例もありますがご容赦ください。

最初は「マンダラ広告作成法」のやり方を理解しなければいけないので、1時間では厳しい人もいるかもしれませんが、慣れてくれば1時間もかからず売れるコピー・広告の原稿がつくれるようになるでしょう。

また、「マンダラ広告作成法シート」があると、広告会社やデザイナーにデザインを依頼する際や、コンサルタントに商品をどう売っていったらいいかを相談するときも、商品のポイントがすぐにわかるので喜ばれます。

中小企業の経営者や、お店の店主さん、また営業や広告、あるいはマーケティング全般に携わるすべての方にとって、役に立つ内容であると自信を持っています。

ぜひ、本書でさらなる売上アップに結びつけてください。

2021年9月

岡本達彦

Contents

第1章 商売のやり方が変わった！

第2章 まずはメリットが多い「A4」1枚チラシからつくる！

第3章 「マンダラ広告作成法」とは

第4章
「マンダラ広告作成法」をやった後、どうするか？

第5章 「マンダラ広告作成法」のさまざまな使い方

おわりに ― 225

第1章

商売のやり方が変わった!

1 今、ビジネスは「広告をつくらなければいけない時代」になった

新型コロナウイルス感染拡大の結果、あらゆるビジネスにおいて広告が必要な時代になった。私はそんなふうに考えています。あまりに突拍子もなく聞こえるでしょうか？もちろん、その理由はいくつかあります。大きくは、以下の2つです。

第一の理由は、**「人の流れが変わったこと」**です。

コロナ禍の緊急事態宣言下では、テレワークということで、出勤せずに家で仕事をする人が増えました。考えようによっては会社側にも社員側にも効率がいい、ということで、引き続きテレワークを続ける会社もあるでしょう。

すると、たとえばビジネスパーソンがランチをとるために利用していたお店は、来店するお客様がグッと減ることになります。

そしてお客様が減るのは、オフィスの周辺だけではありません。

住宅地から最寄りの駅までの道、あるいは大都市の駅からオフィスのあるビルへ続く繁華街、いままではそれらに面した人通りの多いところで商売をやっていれば、安泰だったわけです。

ところが、お客様が動かない時代がやってきた。

動かないだけではありません。お客様はすでに、「いままで利用してきたもの」に代わる新しいものを求めて、探索を始めています。

一例をあげれば、「御岳山《みたけさん》」という東京都の郊外にある山をご存じでしょうか。私はコロナがきっかけで、初めて訪れました。

そもそも同じく東京郊外の有名な山といえば、高尾山があります。こちらは人気スポットで多くの人が訪れるため、「密」の危険性があり、あまり行きたくはありませんでした。そこで「穴場」を探しているうちに、近くの御岳山を見つけたのです。

もちろん知る人が増えれば、こちらにも人ごみができると思いますが、少なくとも高尾山と人数は分け合うようになります。すると高尾山の周囲で得をしていたお店の中には、とたんに危機に陥るところが出てくるわけです。

「新しい場所を調べて、そちらに出かける」という動きはこれからも活発になるでしょう。お客様が減っていくお店は、これからも出てくることが想定されます。

家からあまり出なくなった人、行動ルートを変えた人、新しい場所を探し始めた人……。

これからは、このように人の流れが大きく変わる時代なのです。

日本経済が元通りになり、7割、8割のお客様が元の行動ルートに戻ったとしても、いままで利用してきたお店をそのまま使うとは限りません。

そこで**お店の側は、「よいお店がここにありますよ！」という告知をする必要が出てきた**わけです。いままで立地がよかったお店も、広告でお客様にアピールしないと、いままでのように人を呼び込めない可能性が出てきます。

逆に、いままで立地が悪くて見過ごされていたお店は、告知次第では、大きなチャンスをつかむことができるでしょう。

いずれにしろ「人の流れが変わる」ことが、あらゆるビジネスに広告が必要となる第一の理由です。

2 ライバルに勝つために必要なのは「説明力」

あらゆるビジネスに広告が必要となる、第二の理由は**「ライバルが増えたこと」**です。

これは、はじめにで紹介したテイクアウトを始めた魚料理店さんを見れば、よくわかるでしょう。夜の営業が制限されるようになったから、ランチのお弁当という「新サービス」に打って出る。でも、気づけば隣のお店も、その隣のお店も、皆、同じようにお弁当を出しています。

もちろんライバルは、同じようにお弁当を始めた料理屋さんだけではありません。１人のお客様が何食もランチを食べるようになったわけではありませんから、選択されるのはいつも１日に１店だけ。

よって、コンビニもライバルになれば、ファストフード店もライバルになる。Uber Eatsのような配達サービスの登場で、ライバルになるお店の範囲も数も、かなり広域に拡大しています。

ライバルが増えているのは、飲食業界だけではありません。

コロナ禍で対面の営業ができなくなったこと、ショッピングセンターや直営店への来店をお客様が控えるようになったこと、また消費そのものへの関心が薄れていること。いくつかの要因から、新しい顧客を開拓せざるを得なくなった会社はますます増えています。

大手の会社がいままで手をつけなかった通販事業に乗り出したり、地域のお客様やニッチな市場を狙ってきたり。その結果、「中小の会社が大手を相手にしなければならなくなる」というケースは増えているのです。

つまり、自分たちの売っている商品の特徴や事業内容を説明するために、広告の必要性はいままで以上に増しているのです。

もっと求められているのは「わかりやすい説明」

広告は、マスに打っていける大手企業のほうが、中小企業より絶対的に有利ではないか？

これは必ずしもそうではありません。なぜなら現代の広告で求められているのは、大勢にうったえる「規模の力」ではなく、1人のお客様を動かす**「説明の力」**だからです。

確かに、かつてはテレビCMのようなものも、イメージ重視のような広告が多数ありました。サントリーのウイスキーであったり、日清のカップヌードルであったりと、1分もしないCMで感動すらしてしまうような〝作品〟が、昭和のころは名コピーライターにより次々とつくられていたように思います。

もちろん、そういう広告が現代もないわけではありませんが、もっと求められているのは**「わかりやすい説明」**です。

象徴的なのは、ライザップでしょう。とにかく「こうなります」という結果を、ビジュアルでわかりやすくうったえた。「こんなに太っていた人が」「こんなに痩せました」というビフォーアフターは、どんなイメージで効果を説明されるよりも一目瞭然で商品の強みを伝えられるわけです。

ただ、ビジュアルだけの説明はライバルがすぐ真似をするし、同じことをする会社が増えると、顧客の側は「比較」を始めます。

それにビジュアルだけだと平気で効果を誇張するところも出てくるので、買う側も情報に対して慎重になってくるわけです。そこで**現在は説明を求めるお客様が増え続けているのです。**

そのことは現代の市場で大きな購買要素となっている、比較サイトなどを考えればよくわかります。食べログのコメントや、アマゾンの書評など、文章が長くても皆、読んでいます。人気ブロガーやユーチューバーの商品紹介や、インフルエンサーのＳＮＳ上での告知などもそうでしょう。

みんな、自分の気になる情報は、ちゃんと読んで判断材料にするのです。

コピーライターがつくった洗練された文句よりも、**その商品をよくわかっている人が語る言葉のほうが、圧倒的な強さを持つ**のが現代の市場なのです。

だからこそ、広告代理店やコピーライターに丸投げしないで**商品やサービスについて一番わかっている社長や店主、営業パーソンが原稿を考えなければいけない**のです。

原稿をうまくつくり、お客様の反応を得ることができれば、他のマーケティングにおいても成果が期待できます。

そこで本書ではその技術をしっかり磨く方法とともに、インターネット上のランディングページ（ＬＰ）など、ＩＴと結びつける方法も紹介していきます。

3 過疎地域で100万円単位の受注を次々獲得したチラシとは？

コロナ禍によってお客様の流れが変わり、ライバルが増え、あらゆる事業で競争が加速し、厳しい時代になったのはわかった。

でも、**「チラシを撒《ま》く」**といった昔からのツールで、果たして本当に新しいお客様を獲得できるのか？　そう疑問に思う方もいると思います。

それはちゃんとお客様が反応する要素を見出せば、もちろん確保できます。

そのために今回紹介する「マンダラ広告作成法」があるのですが、わかりやすい成功事例を1つ紹介しましょう。鹿児島県伊佐市にある瓦《かわら》屋さんの例です。

瓦屋さん、という業界ですから、やはりお客様がどこにでもいるわけではありません。古くからの瓦屋根の家を構えているお宅は限られてきます。

しかも近隣は過疎地域に属していて、東京の250分の1の人口密度しかありません。

この瓦屋さんも近隣でお客様を獲得できないので、人口が多く距離の離れた鹿児島市で営

図1-1　**鹿児島県伊佐市にある瓦屋さんで以前につくっていたチラシがこれ！**

業していました。しかし、時間も費用もかかり、効率がよくありません。構造的に儲からなくなっていたのです。

つまり、近隣のお客様を大勢、巻き込めるような新しいものを打ち出せれば問題は解決するのですが、瓦屋さんという業種で、それが可能なのか？

じつはこの瓦屋さんも、いままでまったく新規顧客をとろうとしなかったわけではなく、図1－1のようなチラシは以前から使っていました。ただし反応は、ほとんどありませんでした。

しかし「マンダラ広告作成法」を使ってつくり直した結果、図1－2のような、まったくアプローチの異なる新しいチラシが出来上がりました。

図 1-2 「マンダラ広告作成法」を使ってつくり直したチラシがこれ！

表面

裏面

お客様の持つさまざまな疑問を考えていくことで、お客様が感じるだろう不安を、売る側は一つひとつ潰していくことができる。
「分割払いはできますか？」といった質問は、お客様の「高かったらどうしよう」という一番の疑問を解決することでもある。

瓦屋さんのチラシを作る際に使用した実際の「マンダラ広告作成法シート」。
チラシの内容を決める際、「マンダラ広告作成法」のアドバイザーがシートに書かれている質問を瓦屋さんに投げかけ、入れる内容を引き出していった。

業種：　　　　　　　　　　2020 年 6 月 4 日

↑【見ない・読まない】↓ 興味がない人に目をとめてもらって読んでみようと思ってもらうパーツ

❺ターゲットコピー（⑤＋方へ　など）　※「その悩み（欲求）を持っているあなたへのご案内ですよ」と呼び掛けて気付かせてあげる。

❸キャッチコピー（③＋カテゴリー名（部類・分類・ジャンル）＋商品（サービス）名　など）
※「悩み等を解決する商品（サービス）がありますよ！」という文章を書く。

どんな種類の屋根でも
屋根の修理でも大丈夫…

↑【信じない・欲しくない】↓ 興味を持った人に信じてもらって欲しいと思ってもらうパーツ

❹裏付けとなる証拠
（この実績をご覧ください＋④　など）
※「解決できそうだ」と思ってもらえる証拠や語れる資格を書く。

❶オファー（商品名・価格　など）
※商品情報について詳しく書く。

商品写真（補足イラスト）

❷ボディコピー（理由）
（なぜそうなるかというと＋②　など）
（ここがおススメポイント＋②）（ここが人気の理由＋②）
※なぜそのような証拠を作る事が出来るのか？
納得してもらう理由を書く。

↑【買わない・行動しない】↓ 欲しいと思った人にすぐ購入してもらうパーツ

❼不安対策（〇〇が不安な方の為に△△を用意しました・よくある質問　など）
※不安を取り除く為の対策を提示し、お客様が買わない理由をなくす。
多い場合はQ&A形式で羅列して書く。

❻行動喚起（〇〇の為、限定△△個・今なら〇〇など）
※なぜ今すぐ購入しないといけないのか理由を書く。

❽問い合わせ（「〇〇する前に今すぐお電話ください！＋電話番号　など）
※ターゲットが問合せしやすい方法で、最初にした方が良い問い合わせ方法を大きく書く。また様々な問い合わせ方法を書く。

TEL

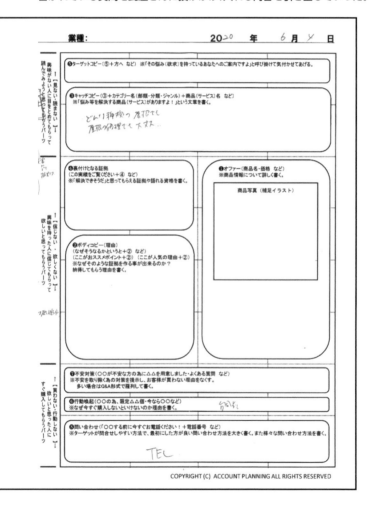

図1-3　瓦屋さんがチラシを作成した際の「マンダラ広告作成法シート」がこちら

会社名：

氏名：

マンダラ広告作成法® Ver.2

STEP1：キーワードを書き出す。
⇒①～⑧まで書かれている参考キーワードを見ながら思いついたキーワードを書き込む。
STEP2：メインで伝えたいモノを選択する
⇒⑤③④②①⑦⑥⑧の順番で一番載せたいものに〇を付ける。
STEP3：補足で伝えたいモノを選択する
⇒ ⑤③④②①⑦⑥⑧の順番で補足で入れたほうが伝わるものに△を付ける。
STEP4：一貫性を意識しながら広告を作る
⇒一貫性を意識しながら❺❸❹❷❶❼❻❽と文書を作っていく
STEP5：他の人にチェックしてもらう
⇒わかりにくい言葉や内容を使っていないか他の人にチェックしてもらう。

分かりやすい広告にする為に、1広告・1商品・1メッセージを意識して作る。

～で悩んでいる（困っている）	～を考えている（検討している）	～をしたくない（面倒くさい）	なれる（実現する）	ラクになる（簡単になる）	速くなる（短くなる）	写真・データ数字	販売数・取引数	資格・特許
～が出来ない（わからない）	⑤この商品を買って喜ぶ人は、どんな人（状態）？	～が足りない（減っている）	得られる（学べる）	③商品を使う事によってお客様はどんな良い事（状態）になる？	増える（長くなる）	表彰・認定・コンテスト	④信用してもらえる証拠・語れる資格は？	公的・有名取引実績
～に不安がある（不満がある）	～してしまう（やめられない）	～でいいのか（逃れたい）	出来るようになる（わかる）	解消できる（軽減できる）	喜ばれる（褒められる）	推薦文・お客様の声	マスコミ等出演・掲載実績	ランキング・初・歴史
素材（材質・内容）	技術（作り方・やり方）	人（作った・やる人）	⑤ターゲットコピー	③キャッチコピー	④裏付けとなる証拠	使用する写真（イラスト）	価格（販売・参加費）	内容（素材・流れ）
所持（道具・仲間）	②ライバルより勝ってる所は？（拘りや目新しさでもOK）	ルート（仕入れ）	②ボディコピー	商品（サービス）	①オファー	日時（工期・期限）	①商品（サービス）情報	場所（産地・開催）
使い道	対応（フォロー）	特典	⑦リスク対策	⑥行動喚起	⑧問合せ	大きさ・重さ形状・色・味	対象・制限バリエーション	想い（プロフィール）
説明（よくある質問）	お試し（サンプル）	お客様の声（見学）	数量・人数が限られている	期間・時期が限られている	場所・地区が限られている	会社・店名（担当）	住所・地図（駐車場有無）	電話番号（FAX）
保証（返金・品質）	⑦何をあれば不安なくすぐ購入できる？	～の対応可能	年齢・職種が限られている	⑥今、購入しないといけない理由は何かある？	次回の入荷（開催）が不明	ホームページ・ブログ・SNS	⑧会社やお店の情報＆購入方法	メール・LINEID
こんな方もOK	支払い方法（カード・代引き）	厳守（秘密・納期）	今だけ特典・割引がある	今だけ～の対応が可能	手遅れになる・予想される	営業時間・定休日	QRコード（〇〇で検索）	申込書記入欄

※⑥はなければそのまま空けておく。無理して作らなくてもいい。

「瓦」でなく、売りのポイントは「雨漏り」への対策です。

確かに台風の影響を頻繁に受ける地域です。需要はかなりありそうで、「すぐにかけつけます！」とか、「見せて確認、説明します！」といったことがセールスポイントになります。

しかも「どんな屋根でも対応します！」とあるように、瓦屋根でもなければ、雨漏りがしたときに、「その解決を瓦屋さんに頼もう！」という発想は普通、思いつかないわけです。結果的にこのチラシは、いままでまったくかかわりのなかったお客様を開拓することに成功しました。

ちなみにこのときに使用された「マンダラ広告作成法シート」が、前ページの図１－３です。

地元、伊佐市で５３６０枚のチラシを3回配布し、問い合わせは15件。そのうち12件が受注につながりました。

瓦屋さんの場合、１件あたりだいたい80万円から２００万円の売上になるので、かなり大きな売上獲得につながったといえるでしょう。

4 チラシは5000枚でも1万円程度でできる

チラシのメリットとして大きいのは、何より最近になって、非常に安い値段でできるようになったことです。

たとえば、先の瓦屋さんは、5000枚のチラシを3回撒いたと言いました。カラーのチラシでしたから、昔であればそれなりに高い金額がかかったかもしれません。

ところがオンデマンド印刷が主流になった現在、5000枚のチラシが、1万円くらいでできるようになっています。カラーコピーなどをするより、よっぽど安いのです。ネットで調べれば、いくらでも手頃な業者さんが見つかります。

制作も、かつては「DTP」という技術を駆使し、「イラストレーター」や「フォトショップ」などの専門的なソフトを使わないと、チラシの作成には十分ではありませんでした。

もちろん、現在もそれらのソフトは使われていますが、そうしなくても「エクセル」や「パワーポイント」、あるいはグーグルの「ドキュメント」などを使っても、チラシはつくれます。

簡単なものであれば、店主や社員がちょっとソフトの使い方を学ぶだけで、さほど難しくなくパソコン上で広告をつくることができます。

写真やイラストも、今はフリーで使用できる素材が、ネット上には溢れています。

また、自分のスマホで撮ったものを使用している人もいます。

そのほうが信憑性《しんぴょう》もあるし、そもそもチラシは手描きでも「親しみやすい」と好感をもたれる媒体でもあります。

あとはポスティングについては、ポスティング業者に頼んでもいいのですが私たちがかかわっている企業やお店の場合、初めは**多くの方が自分自身、あるいは社員さんがチラシを撒いています**。

なぜなら自分たちでチラシを撒くことは、「自分たちのエリアのお客様がどんな日常を送っているのか」を知ることができる最高のチャンスだからです。

また自らポスティングすることで、ムダのない積極的な営業を展開できるメリットもあります。それについては次章で詳しく紹介しましょう。

コロナ禍でお店を閉める時間も多くなり、やむなく休業させた従業員にこれからどう働いてもらうのか、頭を悩ませた経営者も多かったと思います。

しかし、「今後、確実に広告が必要になる」と見定めれば、広告作成やポスティングに人員を割くことだって考えられます。間違いなくそれは、人材育成の機会にもなれば、売上アップのための戦略にもなるでしょう。

実際にチラシが軌道にのれば、「3万枚を撒いたら、だいたい〇〇件の反響がある」といった予測も立てやすくなります。

事業計画を立てる上で、この予測は、先行き不透明な営業成果よりも、よほど経営指標にしやすいものといえるでしょう。

このように営業活動にも、人材活用にも、経営判断にまでも、チラシによる販促のメリットは大きいのです。そして「マンダラ広告作成法」であれば、ゼロからでもチラシをつくることができます。

まさにメリットだらけなので、ぜひ、このノウハウを活用していただきたいと思っています。

5 「マンダラ広告作成法」は、売る側に多くの「機会」を与えてくれる

「マンダラ広告作成法」であれば、ゼロからでも売上を上げるチラシがつくれます。

ただ、間違ってほしくないのは、私が提供するノウハウは、「この通りにすれば、必ず売れる」などという、**100パーセント絶対の方法ではありません**。

そんなものが本当にあるのかは知りませんが、よく広告の世界には「このキャッチコピー集を使えば、必ず売れます」などというあおり文句を掲げているところがあります。

仮にそうした「売れるキャッチコピー集」があるとしても世の中は、つねに流動的です。昨日まで需要があったニーズが、今日になったらすでになくなっているかもしれません。

私たちはそうしためまぐるしい変化に合わせて、商売を成功に導いていかなければならないわけです。

そんな中で、キャッチコピー集に頼らなくても、「マンダラ広告作成法」を使えば、その仕事に携わっている人が、いつでも手軽に広告をつくることができます。

チラシは安く制作でき、自分たちでいつでも好きなときにポスティングを行なって販促活動ができます。そのことは企業やお店に、たくさんの「トライ&エラー」ないしは、「テストマーケティング」できる機会を与えてくれます。

たとえば先の瓦屋さんであれば、「雨漏りや雨どいが壊れてお困りの方へ」というコピーは、見事に成功しました。おそらくは日常で仕事をしている中で、「一軒屋に住み、雨の問題に困っているお客様は多いだろうな」と直感していたから、このチラシはうまくいったのでしょう。

しかし、すべてのチラシが、こんなふうに一発でうまくいくとは限りません。あるいは同じチラシを撒いたとして、時期があまり雨の降らない乾燥したシーズンだったらどうでしょう?

お客様がチラシを見て、「ひょっとしたら梅雨前には、雨どいを直してもらわないといけないかもなぁ」なんて思いながら、そのまま保留にしていたらシーズンが終わってしまった、などということも十分にありうるのです。

では、外れたらどうするか?

そのときは再度、マンダラ広告作成法を使って、新しい文句を打ち出したチラシをつくるだけです。

さほどの制作費もかからないのであれば、お客様の反応のいいチラシができるまで、何度でもテストマーケティングを行なっていけばいい。別に難しいことではありません。

PDCAを回してチラシの完成度を高める

これが「A4」1枚アンケートをもとに作成したチラシであれば、お客様の意見をチラシに反映するわけですから、あまり大きくニーズを外すことはありません。

けれども**「マンダラ広告作成法」の場合は、新規事業などお客様ゼロの状態から、売る側が「なぜ、その商品を購入するのか?」を推測してつくる手段**です。

だとしたら〝外す〟のは当然ですし、むしろ試行錯誤を繰り返しながら、ベストな売り方を突き止められる余地があることのほうが重要になります。

「PDCA」という言葉をご存じでしょうか?

・Plan(計画)
・Do(実行)
・Check(検証)

・Act（改善）

の略で、業務改善のためのフレームワークです。

「マンダラ広告作成法」を使ってやったとしても、すべてのチラシが1回でうまくいくわけではありません。

何度でもつくっては撒いてみる。そして、お客様からの反応を通して、また改善していくという「ＰＤＣＡ」を回して完成度を高めていくことが大切です。

そうしてお店の宣伝を発展させていくことが、成功するための重要なプロセスなのです。

その細かな手順も本書の第４章で、きちんと説明します。

6 「マンダラ広告作成法」で考えることで「お客様の気持ち」がわかる

私が提案する「マンダラ広告作成法」は、お客様からの答えが予測できるよう、さまざまな仕掛けを用意しています。

具体的にどんな仕掛けが、用意されているのか？

詳しくは第3章で一つひとつ説明しますが、図1－2の瓦屋さんのチラシを見ると、裏面の最後のほうに「よくある質問」という項目があります。

Q1「屋根の塗装、外壁の補修、塗装やメンテナンスなども一緒にお願いできますか」
Q2「工期はいつにするかなど、相談できますか」
Q3「支払いは、分割払いできますか」

これらは「マンダラ広告作成法」の「何があれば不安なく、すぐに購入できる？」という質問項目で、お客様の立場に立って考えて導き出すものです。

もちろん、すでに購入されているお客様からぶつけられた疑問を思い出して書くこともできますが、**新しい商品であれば、広告を作成する側がさまざまな角度から自社のサービスを見つめ、「質問されそうなこと」を予想して考えなければなりません。**

これは難しいことではあるのですが、さまざまな疑問を考えていくことで、お客様が感じるだろう不安を、売る側は一つひとつ潰していくことができます。

実際、ここで「Q３」に載せられている「分割払いできますか」といった質問は、お客様の「高かったらどうしよう」という一番の疑問を解決することでもあるわけです。

また、図1－2裏面「よくある質問」の左側にある「ドローン空撮を始めました！」といった内容も、決してこちらが素人集団でなく、ある程度の技術を持ったプロ集団であることを信頼づける役割を果たしています。

誰もが知っている大企業ならともかく、中小の無名の会社が広告をつくる場合、つねにお客様からは「騙《だま》されるのではないか」という疑いの目で見られます。

たとえばトヨタやホンダの自動車を購入しようと思ったとき、「この車、ハンドルを右に切ったとき、はたして車は右に曲がるんだろうか？」などと疑う人はいません。

しかし無名の自動車会社がつくった車であれば、そういうところから逐一、大丈夫であることをお客様に説明しなければならないわけです。

価格の低い高いに限らず、お客様を納得させ、商談を成立させるためには、売る側は安心と信頼を確保しなければなりません。

いまやランチを食べるときでも、感染対策がなされているかが焦点になる時代です。あらゆる営業に、そのプロセスは求められているでしょう。

「マンダラ広告作成法」で広告を考えることは、その安心と信頼を確保する手段を、さまざまな角度から検討し、実際にお客様に提示していく作業になります。

だからこそ人材育成の手段にもなれば、経営戦略を立てる指標にもなってくるわけです。

7 チラシは「自分たちが望むお客様」を確実につれてくる

広告をつくることが、経営戦略にもなり、また人材育成にもなるとは、これまでの時代では考えもしなかったことでしょう。

それもそのはずです。文言にしろ、デザインにしろ、広告代理店や印刷会社など、外部の人に任せるのが通常だったわけです。チラシなどはセールなどの告知がメインで、頭を使って内容を考える必要はほとんどありませんでした。

しかし現在は、お客様がちゃんと広告を見て、興味を持ったものしか選ばれない時代になっています。

それに応えるためには、商品のことを誰よりもわかっている人間が、最も伝えたいことをダイレクトにぶつけていくしかありません。

すでにマスメディアでも、ＣＭなどからヒットが出ることは少なくなっています。

お客様に響く言葉は、その商品のことをあまり知らない専門家からは生まれにくい。一番それを売りたい人、誰よりもその商品を「素晴らしいものだ」と思っている人から、発せられるべき時代になっています。

それはある種、売る側と、買う側のマッチングでもあります。

たとえば飲食店にとって、いまや口コミサイトは無視できない存在になりました。そのお店を利用して気に入らなかった人が、ちょっとクレームまがいのことを書いただけで、悪評が立って売上が激減することもあるくらいです。

だから多くの店舗が、サイトの評価に対して神経質になっているのですが、そう心配するものではありません。原因はむしろ、最初の時点での「説明不足」なのです。

店主さんが会話下手で、えらく無愛想なお店があったとしましょう。ならば最初からお店の紹介で、看板やチラシに「うちは無愛想だけど、最高の料理を出します」とでも書いておけばいいのです。お客様はそれを説明された上で、その店にやってきます。

そこで、「この店は無愛想だ。ひどい」などと、ネットに書き込んだ人がいたとします。すぐ批判が大量にくるでしょうが、それはお店でなく、書き込んだ当人に対してです。「最初から無愛想だと書いてあるでしょ」と。

見当違いのクレームは、受け入れられないのです。

逆にいくらサービスがよく、味が美味しかったとしても、「ボリューム満点」をうたったお店で量が少なかったとしたら、クレームはすぐに広がってしまいます。

つまり、「どんなお客様に来てほしいか」を最初から説明することがポイントで、多くの悪評はミスマッチから起こるのです。

ミスマッチが多く起こるのは、これまでの営業が「誰でもいいからお客様を集めよう」だったからではないでしょうか。

しかしこれからは、広告を使って「こんなお客様を私たちは求めています」とアピールする時代になっていくのです。

より自分たちが望むやり方を打ち出し、より自分たちの個性を発揮したほうが、お客様の心をつかみ、成功する可能性が高くなる。売る側にとって、こんな素晴らしいことはありません。

次の章では、1枚のチラシで、どれだけのアピールができるのか。具体的な例を紹介しながら、説明していきましょう。

第2章

まずはメリットが多い「A4」1枚チラシからつくる！

1

「A4」1枚チラシをつくることをおすすめする理由

販促には、色々なツールがありますが、まず「A4」1枚チラシからつくることをおすすめしています。

それはなぜか？　本章では「A4」1枚チラシをつくるメリットについて、さまざまな角度から説明していきましょう。

まず第1章でも述べたように、**「チラシをつくった当人が成長できる」**というのが一番のメリットです。チラシをつくることで商品についての理解が進み、次なる企画や戦略が立てやすくなります。

ちなみにアマゾンでは新企画を会議に提案する際、まずマスコミ向けに出すプレスリリースを提案者に作成してもらうそうです。

プレスリリースとは、マスコミ向けにつくられた一種の「広告」ですが、これからつくりたい新商品の販促資料を先につくることで、売れるかどうかの判断がよりしやすくなるということでしょう。

どうして広告をつくるほうが、企画書よりも商品のイメージをしやすいのか？

それは多くのキャッチコピーがあったり、写真やイラストが使われたりして、商品の特徴がビジュアルで伝わりやすいからです。

そのことは脳科学でも証明されていて、専門的には「絵画優位効果」と呼ばれるものがあります。

『ブレイン・ルール』という本を書いている分子発生生物学者、ジョン・メディナによると、被験者に情報を口頭で説明し、その3日後にどれだけ内容を覚えているかをテストした場合、覚えている情報は10％程度だったそうです。

ところが口頭だけでなく、イラストも使って情報を説明すると、3日後に残っている記憶は65％にまで増加したそうです。このことは**「ビジュアルを使った説明は、お客様に伝わりやすい」**ということを証明するだけではありません。

ビジュアルを使った広告をつくることで、文字だけの企画書をつくる6倍以上、脳には商品の情報が定着するのです。つまり社員にビジュアルを使った広告をつくらせるだけで、社員をその商品の専門家に育てられることを意味します。

図2-1　「A 4」1枚チラシをつくることをおすすめする理由

1. チラシをつくった当人が成長できる
2. その商品やサービスの専門家が育てられる
3. 社員の提案力がアップする

ちなみに社員研修の際も販促担当者だけでなく、新入社員も「マンダラ広告作成法」で広告を作成してもらうことがあります。

そうすることで新入社員も会社の商品やサービスについての理解を深めることができ、お客様への提案力がアップするからです。

実際、新入社員がつくったチラシが、多大な利益を上げることだってあるくらいです。

2 新入社員がつくったチラシが、100万円の仕事を取れた理由

新入社員がチラシを作成し、いきなり１００万円以上の契約を取ってしまったというのは、沖縄県糸満市の舗装会社です。アスファルトを敷く事業を行なっていて、駐車場の整備も手がけています。

これまで仕事の大半は公共事業で、一般のお客様への営業はほとんど行なっていませんでした。唯一の販促物はホームページくらいです。

しかし、いつまでも公共事業に頼っていたのでは、将来的には不安です。ちょうど事業承継をしたこともあり、会社の新規事業として、一般のお客様への小口営業を始めてみようということになりました。

しかしながら、ホームページ以外にどのような販促をすれば一般の新規のお客様から受注できるのか、会社の誰も方法を思いつきません。

そこで沖縄にいる私どものアドバイザーに声がかかり、販促会議の中でチラシを撒くこ

とから始めようと決まり、新入社員も含め全社員に「マンダラ広告作成法」を試してもらいました。

そのうち入社半年の新入社員が書いた「マンダラ広告作成法シート」を使って出来上がったチラシが図２－２です。

このチラシを、ＤＭとして２００社の管理会社に送付。５件の問い合わせを受け、1件を受注。売上は１１０万円になりました。チラシのデザインを見れば、入社1年目の新人が作成したというのはわかります。その紙面にはあまりデザイン性はありません。

それでも一般のお客様からの受注を実現させました。その理由はどこにあったのでしょう？　そのポイントは、やはり「ビジュアル」の部分です。裏面上部の最も広いスペースを使っている部分を見れば、まず一目瞭然です。

左側の草があるだけのところが（ビフォーの写真）、右側を見れば、キレイな駐車場になっている（アフターの写真）。アスファルトを敷く技術を持っているこの会社だからできることですが、整備されていない土地を賃貸駐車場にしているところは、ぜひ検討したい提案でしょう。

いままで何度もこのような舗装整備の仕事をしながら、公共事業をメインにしてきたこの会社は、誰をターゲットにしたらいいのか、何を伝えればいいのかわからずにいました。

図2-2 新入社員が作成して、いきなり100万円以上を売り上げたチラシはこれ！

成功事例 チラシ(DM)

管理会社200社へチラシを
送付したところ
5件の問い合わせ。そのうち1件受注。
いきなり売上110万円！
チラシをつくったのは入社半年の新入社員。

入ったばかりの新入社員が「マンダラ広告作成法」研修の中で出した「管理会社」をターゲットに設定し、「うちの会社が持っている一番すごい技術は何だろう？」と、クリアな思考で導き出したからこそ、この打ち出し方が出てきたわけです。

後日談になりますが、このＤＭを定期的に送付したことにより6件の受注。売上は７００万円まで上りました。新入社員が、自分の給料分を稼いでしまったのです。

「マンダラ広告作成法」は、会社の強みや実績に気づかせてくれる

舗装会社に限りませんが、どんな仕事でも、**一般のお客様から仕事を取ろうと思ったとき、一番売りになるのは、その会社の強み**です。

この〝強み〟が何をもって示せるかといえば、大きいのはやはり「実績」になるわけです。とくに先の「絵画優位効果」で見たように、実績をビジュアルで示せれば、お客様の記憶にも残りやすくなります。

ただ、この「実績」を会社に聞いても、当たり前すぎて、意外と思いつかないことが多いのです。

「御社に何かすごい実績はありますか？」と社長さんに聞くと、「いや、ないんだよね」

と否定されることが多くあります。

ところが「たとえば表彰されたことなどはありませんか？」と尋ねれば、「ああ、県から表彰されたことがあるよ」などと、そこで大きな実績が出てくるのです。

他にもマスコミで取り上げられたり、特殊な資格を持っていたり。

どれも「すごいこと」なのですが、当たり前のようにしている業務ですから、それが素人のお客様に売りになるものと、なかなか当人たちは気づきません。

先のチラシの場合は、まだ固定観念ができていない新入社員だから、「お客様へ提示できる会社の強み」に気づきました。

しかしそうでなくても、**「マンダラ広告作成法」の手順は、当人たちが忘れてしまっている会社の強みや実績に気づかせてくれます。**

3 「A4」1枚チラシは、「攻めの広告」を可能にする

第1章で述べたように、チラシというのは、家に閉じこもっているお客様にも営業ができる、積極的な販促ツールだと思っています。

別にチラシに限らず、テレビのCMとか、あるいはネット上の広告でも同じではないかと思うかもしれません。

けれどもテレビCMはかなり広範囲のお客様を相手にしなければならないし、ネットに関しては、そもそもお客様からの積極的なアプローチを必要とします。

たとえば新型コロナウイルスの感染拡大による緊急事態宣言で、家に閉じこもる生活を余儀なくされた。このとき閉じこもっているお客様が、「何かデリバリーを頼もうか?」「近所にはどんなお店があるのかな?」と、調べる気持ちになったときにはじめて「ネット上の広告」は成立します。

「何か自炊してつくろう」だったら、何をネットに並べても見てもらえないわけです。

ところがチラシをポスティングする場合、「近くにこんな店がありますよ」と、お客様がランチや夕食に何を食べるかを考える前に、ポストを通して営業ができます。するると「何か自炊してつくろうか」という気持ちが芽生える前に、「そんなお店があるんだったら、今日はデリバリーを頼んでみようかな」という先回りの営業ができます。それが「攻めの広告」である理由です。

そもそもお店の存在に、お客様が気づいていないケースも多い

しかも新規のお客様を狙った「攻め」も、当初から念頭に置くことができます。

たとえばお店の場合、お客様がそのお店の存在に気づくのは、普段の行動ルートの中で「見かける」ことができるからです。

とくに「通勤」などの移動を考えれば、お客様の家から駅までの間に見かけるお店は、最も頻繁に見かける範囲になるわけですから、それだけ選ばれる可能性も高くなります。

逆にいうと、その家から見た場合に、駅から遠ざかるルートにあるお店は、お客様から選ばれる可能性が低くなるわけです。そもそもお店の存在に、お客様が気づいていないケースもあります。

チラシのポスティングは、こうしたお客様を特別に狙って行なうことも可能です。

要は、自分のお店から駅の方向に向かって、あるいは駅に着いたら、その反対側へ。何度もそうした範囲にポスティングを行なえば、次第にお店の認知度を上げることができるでしょう。

「いつでも、どこでも、自由に伝えられる」のがチラシのメリット

もう1つ、**「いつでも伝えられる」**というのも、チラシが「攻めの営業ツール」である大きな理由です。

たとえば美容室とか、整体やマッサージなど、お客様からの予約で行なう業務であれば、たまに「今日は午後の予約が入っていないな」という日が出てくるでしょう。

そんなとき「では時間があるから、ポスティングをしてこようか」と、チラシさえつくっておけば、配りに行くことができます。

ポスティングは、誰がどの時間にするのも可能です。もちろん夜中などは迷惑になるかもしれませんが、散歩がてら、地域の観察も兼ねて、店主が自らポスティングしているところも結構あります。

ときどき「ポスティングすると、迷惑がられる」なんて言う人もいますが、「チラシはやめてくれ」なんて言われたら、ただやめて謝ればいいだけ。

逆に「こういうお店をやっています。よろしくお願いします」と口頭で説明すれば、直に営業するチャンスにもなります。

さらに余裕があれば、駅前やショッピングセンターなど、人通りが多いところに行って、直に手渡しでチラシを配ることもできます（もちろん、事前に許可はとってください）。

また異業種交流会などに行けば、その都度、来ている人にチラシを渡すこともできます。時間も自由なら、配り方も自由。自分の都合や好みに合わせて、好きな形でできるのがチラシを使った販促のいいところなのです。

現在、**ネット印刷のＣＭが多いのは、それだけ使って効果を出しているお店や会社が多い**ということではないでしょうか。

4 新規顧客が増え続ける植木屋さんの秘密

「自分の都合や好みに合わせて、好きな形で営業できる」という点で、紹介したいのが図2－3の植木屋さんのチラシです。

ここの特徴は計画的にポスティングをするのでなく、**チラシをストックしておき、空いた時間を使ってチラシを配りに行っていること**。

つまり植木屋さんですから、町を歩き、家の庭を見ていけば、「ここは植木屋が必要だな」というのはわかります。

そこで**自分が庭の手入れをしている家の近隣の場所で、「ここだ！」という家を見つけては、ポストにチラシを入れることを続けている**わけです。

まるで〝趣味〟のようなポスティングです。植木屋さんが必要なところにしかポスティングしないので、1回で100枚ほどしか配ることはできません。

しかし100枚配れば、2件くらい、成約に結びつく問い合わせがあるそうです。そん

図2-3　新規顧客が増え続ける植木屋さんのチラシ

「マンダラ広告作成法」でつくった原稿をもとに業者に頼まず
自分でつくったチラシ。チラシをストックしておき、
空いた時間を使って「ここだ！」という家を見つけて
ポスティング。100枚配れば2件ぐらい
成約に結び付く問い合わせがある。

なふうに**自分の仕事に合わせ、好きなタイミングで営業できるのも、チラシの大きなメリット**なのです。

チラシはダイレクトに言いたいことを伝えることが効果的

タイミングに合わせて、チラシもさまざまなバリエーションを用意することができます。

たとえば窓やサッシを扱うサッシ屋さんが二重サッシ、つまり、〝二重の窓枠〟を売るケースだったらどうでしょうか。

このサッシは優れもので、寒さや結露を防ぐ上に、防音効果も持っています。

すると「冬でもあたたかい」というチラシと、「結露を防ぐ」というチラシと、「騒音を防ぐ」というチラシ、３種類の強みをそれぞれ大きく打ち出したチラシをつくることができるわけです。

そのうち「冬でもあたたかい」は秋から冬の時期に。「結露を防ぐ」は梅雨の前などにポスティングすれば効果が出ます。

一方、「騒音を防ぐ」というチラシは季節に関係なく、その代わり国道沿いだったり、線路の脇だったり、高速道路が近くにあるエリアの家にピンポイントでポスティングすればいいのです。騒音に困っている方が多いでしょうから、すぐに問い合わせがいただける可能性があります。

通常はコストを下げるため、メリット3つを一枚にまとめたチラシをつくるでしょう。しかし、それではメッセージがぼやけてお客様の心をつかめません。

安く手軽につくれるからこそ、**チラシはダイレクトに言いたいことを伝えることが効果的**なのです。

5 ネットの広告費は、意外と元が取りづらい

ひょっとしたら読者の中には、チラシより、ネットのほうが効率的ではないか、と感じる方もいるかもしれません。

確かにネットであれば、先の「冬でもあたたかい」と「結露を防ぐ」と「騒音を防ぐ」という内容を同時に扱い、それぞれのメリットを詳細に説明することができます。売る側の「伝えたいこと」は、限られた紙面の「A４」１枚チラシよりも十分に盛り込むことができるでしょう。

ただ、問題はどれだけのお客様に、そのメッセージが届くかなのです。

ネットビジネスは、小さな会社でも世界に打って出られるゲリラ戦に優れた媒体のように思われがちです。しかしこと広告に関していえば、大きな企業のほうが圧倒的に有利な世界になっています。

それを象徴するのは、やはり「検索」でしょう。

よく知られているように、検索で読者にアクセスされるかは、ページの先頭のほうに掲載されることがカギになります。だから企業は先頭ページに広告を載せようと、しのぎを削っています。

その方法にはさまざまありますが、広告でいえば一番高い広告費を出したところが、アクセスされる可能性が高くなるのが実態なのです。

ワンクリック100円のところと200円のところだと、どうしても200円のところが先に出てくるから仕方ありません。

ほとんど「競り」のような状態で、人気ワードほど金額は高くなります。

ですから、たとえば「リフォーム＋東京」のような人気キーワード検索で皆にアクセスしてもらおうとすれば、中小企業は大企業にかないません。

現代は「ユーザーがどんな検索ワードの組み合わせでアクセスするか」のデータがすぐ出ますから、人気のあるキーワードの広告枠はすぐ大企業が広告費を投じてくるのです。

またネットでお客様を集めている要素があれば、大企業はすぐそこに追随してきます。「1年保証」というサービスを盛り込んで成功しているところがあれば、すぐに「2年保証」なんていうサービスを出してくるわけです。

技術者をそろえればあらゆる解析が可能になるネットの世界は、そもそも素人が太刀打ちできる場ではないのです。

ネットは、興味を持ってくださったお客様に安心してもらい、理解してもらう手段

けれどもチラシで成功している要素などは、大企業からは見えません。

だから**「ホームページから全然、お客様がとれていない」という企業が、「チラシを撒いたらすぐ集客できた」ということはざらにある**のです。

ただ、あらゆる説明を盛り込めるネットは、説明力を補強する手段としては、非常に強力なツールです。

中小企業の場合、ネットは「お客様に興味を持ってもらう手段」にするのでなく、**「興味を持ってくださったお客様に安心してもらい、理解してもらう手段」**として考えればいいのです。

これはチラシとの組み合わせで可能になりますが、後のランディングページのところで詳しく説明します。

6 なぜ「Ａ４サイズ」が最適なのか？

私は「Ａ４」サイズのチラシからつくることをおすすめしていますが、より大きい「Ｂ４」サイズのほうが、より効果的なチラシがつくれるように考える方もいるかもしれません。しかし私が「Ａ４」サイズを推奨するのは、次の理由からです。

・つくりやすい
・スペースに限りがある
・印刷コストが安い
・画像にしてもある程度読めるので、ＳＮＳで使いやすい
・パンフレットケースに入れたり、３つ折りにしても伝えたいところが伝えられる
・ファイルなどに保管してもらいやすい
・自宅のプリンターで必要部数を印刷できる（Ｂ４を印刷できる機種は少ない）

B4チラシは、お客様に「一目でインパクトを与えること」が難しい

なかでも「スペースに限りがある」というのは、デメリットにも見えるでしょう。確かに盛り込める情報は少なくなるし、説明も凝縮しなければならなくなります。

しかしそのぶん、厳選された情報のみに絞り込むことができ、お客様から見れば、知りたいことが一目でわかる「わかりやすい広告」が出来上がるのです。広告にとってこれ以上、優れたメリットはありません。

実際、B4チラシというのは、目線を広く移動させないといけなくなるため、お客様に「一目でインパクトを与えること」が難しくなります。

同じ理由で「A4」チラシでも、これを横にして使うことは推奨していません。その場合、こちらの意図した順序でお客様が説明を追ってくれないからです（図2－4参照）。

たとえば「メリット」を読む前に、「価格」のほうをお客様が目に留めると、よさを知る前に価格で判断され、それだけでチラシが廃棄されてしまうことだってありうるのです。

図2-4 B4横型チラシよりもA4縦型チラシをおすすめする理由

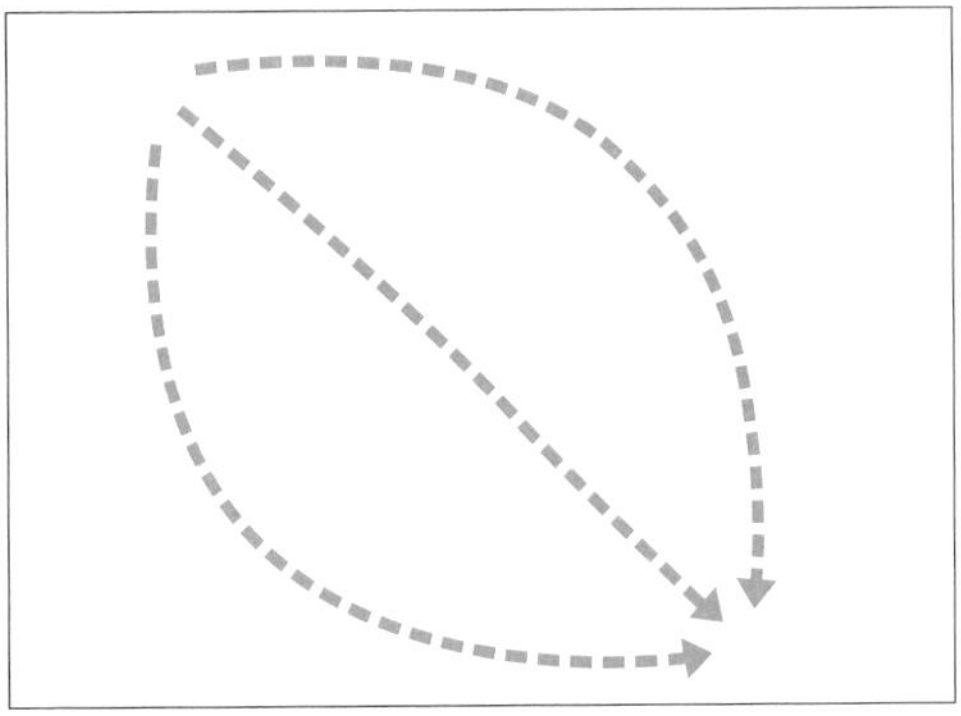

横型の場合は
読む順番をコントロールできない

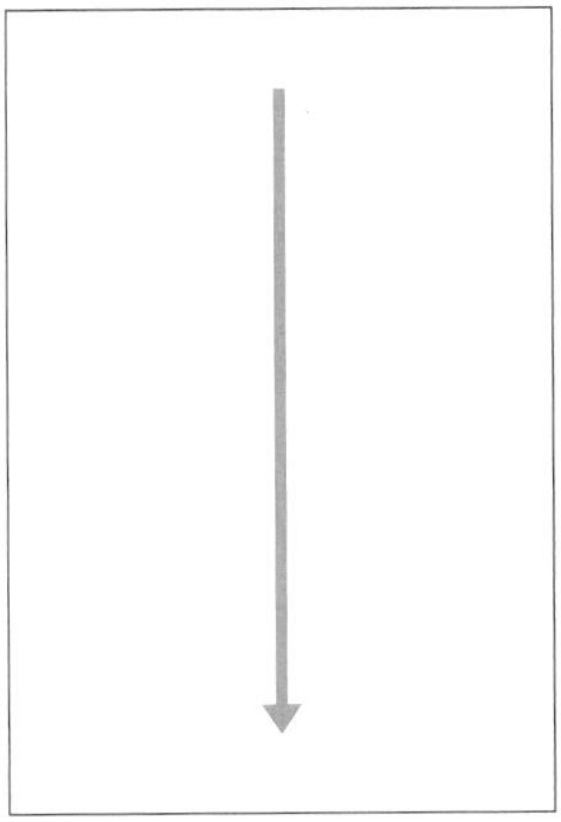

縦型の場合は上から下へと
読む順番をコントロールできる

「A4」1枚のチラシに必要なのは「伝えたいのはこれ」と一本化する技術

「A4」1枚チラシは「1商品1メッセージ」が原則です。

だからこそお客様に伝わりやすいし、先に紹介した二重サッシの場合などは、メッセージの数だけチラシが出来上がるわけです。

これをB4チラシにすれば、つい大きいスペースのぶん、メッセージをたくさん入れたくなってしまう。それは広告の効力を薄める悪の誘いであり、「マンダラ広告作成法」は、それを防ぐ手順を工夫しています。

「A4」1枚のチラシに必要なのは、情報を削ぎ落とし、さらに削ぎ落とし、「伝えたいのはこれ」と一本化する技術です。

売る側には「言いたいことをすべて言えないストレス」が残るでしょう。

そのぶんは、次に述べるランディングページで、思いっきり情報を吐き出してストレスを解放してほしいのです。

7 ランディングページで「チラシの弱み」を補う

ランディングページとは、直訳すると「着陸するページ」という意味です。さまざまな使い方がありますが、今回は**「興味を持ったお客様が訪れるページ」**ということです。

チラシを配ったお客様が、「ここに書いてあることをもっと詳しく知りたいな」と感じたとき、まずアクセスしてもらうために用意するページになります。

すると、ホームページと何が違うんだ？　と思う人もいるかもしれません。ホームページの場合、アクセスすれば、まず出てくるのは、あなたの会社の取扱商品全般でしょう。そのあと訪れた人は、ホームページの中から自分が見たいページを探すことになります。

ランディングページは、あくまで**「チラシとして配ったこと」に対応するページですから、アクセスした方が目にするのは、チラシで宣伝されていることの補足**になります。

もちろん「この会社は他にどんな事業をやっているかな？」とか、「社長はどんな人物なのかな？」という興味がわき、そこからリンクを貼った会社のホームページにいらしてくれるお客様もいるかもしれません。

ただ原則、**ランディングページは上からずっと内容を読んで、最後に「お問い合わせ」ということで、直接のやりとりをする段階まで進むようにつくるのが通常**です。あるいは通販で売っている商品であれば、そこで購入ができるように設定することもあります。ホームページとはあくまで独立した存在であり、URLなども別個にあるのが通常です。

また、そもそもホームページを持っていない会社でも、**「A4」1枚チラシを配布するのであれば、ランディングページはつくっておくことを推奨**しています。

面倒に思うかもしれませんが、現在は「ペライチ」(https://peraichi.com/)などランディングページ作成会社が多数あり、誰でも簡単につくれます。

テンプレートもたくさんあるし、オンライン決済を代行してもらうことも可能です。

チラシと違って、ランディングページに掲載できる情報量には制限もありません。

しかも24時間365日、あなたの代わりに情報を発信してくれます。

現在はチラシを見たあと、ネットで確認してから来店する人が増えています。「詳しく知りたい」「本当に大丈夫だろうか?」と、事前にチェックする傾向は今後も増していくでしょう。少ない投資で簡単につくれるのですから、チラシで興味を持った方をしっかりと成約に結びつけるためにも、ランディングページは検討すべきだと思います。

図2-5　ランディングページのレイアウト例

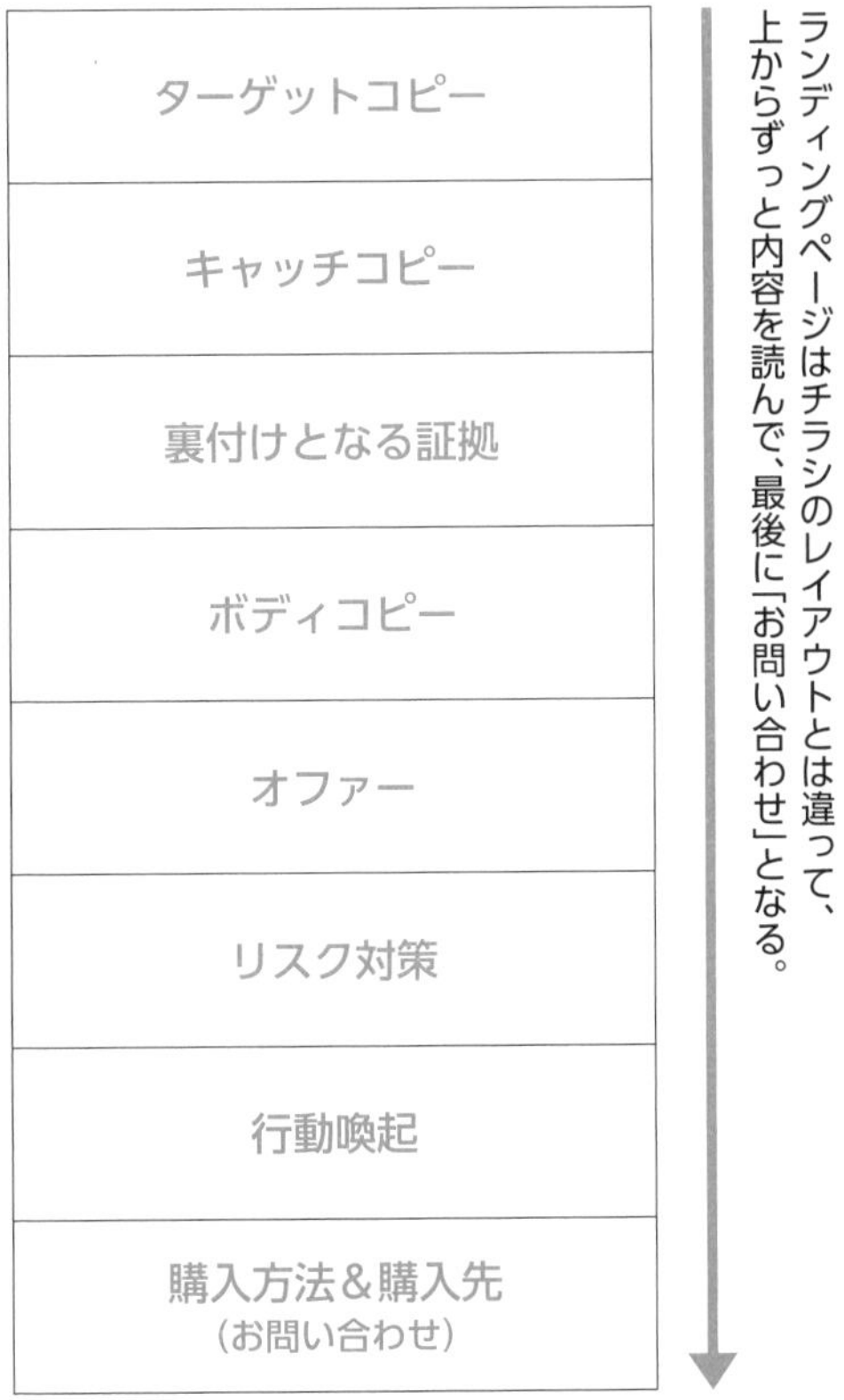

※商品によって各パートの順序が変わる場合あり

8 「満員御礼」を短期間で実現したランディングページの事例

実際の例を使って、ランディングページについて説明しましょう。

図２－６は、「だしみらい」が企画運営した、しいたけの消費拡大を目指す「しいたけ体験ツアー」の集客のために用意したチラシです。前年はこのチラシのみで集客を行なっていました。それでも満席にはなりましたが、満席になるまでには相当な時間がかかりました。

これに対して、翌年はチラシとともに詳細がわかるランディングページをつくり、このページから参加申し込みを受け付けられるようにしました。図２－７が、そのチラシとランディングページです。

前年の「Ａ４」１枚チラシと比べると「原木しいたけ農家がしいたけの秘密を解説」など、どんなツアーなのかを説明していますが、参加するとどんなよいことがあるのか、まだまだ伝えきれていません。

この点でランディングページでは「お客様の声」などを多く収録し、「参加後のよさ」

図2-6　「しいたけ体験ツアー」前年のチラシ

「マンダラ広告作成法」を知る前につくったチラシ。
必要最低限のことは伝えているが、
ツアー自体が新しいものであり、
どんなツアーか想像するのが難しい。

がより伝わるようにしているわけです。このランディングページを用意した結果、翌年は料金を2倍にしたのにもかかわらず、ツアーはすぐ満員御礼になりました。

文章だろうが、画像だろうが、好きなだけ情報を掲載できるし、あとからでもどんどん追加できるのがランディングページのメリットです。

たとえば広告をつくったあと、「こんなことも売り文句になるのでは?」と気づいたら、その時点でランディングページに追加してしまえばいいのです。それで反応がよければ、次の「A4」1枚チラシに反映することもできます。

「A4」1枚チラシは広告として優れていますが、捨てられてしまえば終わりです。記憶に残らないのはもちろん、そもそもチラシが失われてしまえば、お客様がアクセスする手段もなくなってしまいます。

その点でランディングページは、永久にお客様に告知をし続けることができるツールですから、組み合わせる効果は非常に高いのです。

図 2-7　ランディングページをつくったら あっという間に集客できた

チラシ

チラシとランディングページをセットで展開することで集客効果が高まった。

ランディングページ

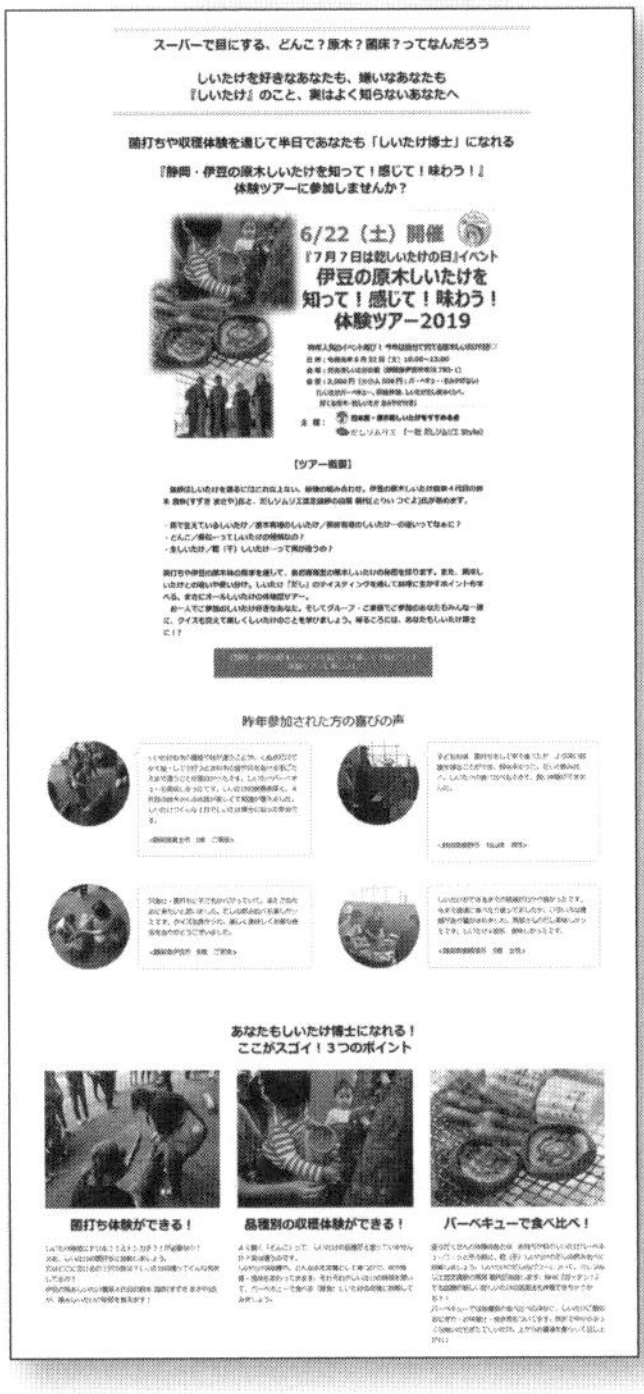

第3章

「マンダラ広告作成法」とは

1 「マンダラ」って、一体何？

本章からはいよいよ、「マンダラ広告作成法」の具体的なやり方について説明します。

まず「マンダラとはそもそも何か」ということですが、「マンダラ＝曼荼羅」と書きます。曼荼羅とは、主に密教の真理を視覚的に表したもので、空海が唐から日本に持ち帰り、広まりました。曼荼羅がつくられた理由というのは、「説明をするため」です。

つまり密教の世界観を伝えたいけれど、一般人には難しく、口頭ではなかなか伝わらないから、「ビジュアルで説明しよう！」ということです。

前章では「ビジュアルのほうが6倍以上、伝わりやすい」と説明しましたが、じつはお坊さんたちも、広告をつくる私たちと同じような発想で曼荼羅を作成していたわけです。いわば曼荼羅は最初から「密教の広告のようなもの」として生まれていたものだったともいえるでしょう。

この曼荼羅を応用して、「マンダラート」というものも生まれました。

「マンダラアート」というのは80年代に生まれた発想法のことです。曼荼羅をつくるかのように、思考を深めていく手段です。3×3の9マスを紙に描き、連想しながらマスを埋めていくことでアイデアを出していきます。

「マンダラアート」は非常に便利なツールということで、教育や目標達成など、あらゆる分野で応用されてきました。メジャーリーグで大活躍の大谷翔平選手も、高校生のころに「マンダラアート」を使って、自分のやるべきことを描いていたのは有名な話です。

マンダラを目標達成に応用したのがマンダラアートであるのに対し、マンダラを広告作成に活用したのが「マンダラ広告作成法」です。ただマスがあるだけでなく、**8マスの「発想マンダラ」を左側に置き、そのまま広告の原稿にアウトプットできる「作成マンダラ」を右側に配置**しています（図3－1）。

2つは対になったものですが、左側で思考を発散したあと、右側で収束（吟味）すれば、そのまま広告の原稿として活用できます。すでに全国各地でセミナーが行なわれ、非常にわかりやすく実践的と、人気を得ています。

名前

↑【見ない・読まない】↓
興味がない人に目をとめてもらって、読んでみようと思ってもらうパーツ

❺ターゲットコピー（⑤+方へ　など）　※悩み（欲求）等を持っている人に「あなたの為の案内ですよ」と気づいてもらう。

❸キャッチコピー（③+カテゴリー名（部類・分類・ジャンル）+商品（サービス）名　など）
※「悩み（欲求）等が解消できる良い商品（サービス）がありますよ！」というコピーを書いて読み続けてもらう。

↑【信じない・欲しくない】↓
興味を持った人に信じてもらって欲しいと思ってもらうパーツ

❹裏付けとなる証拠
（こちらをご覧ください+④　など）
※キャッチコピーが実現出来そうと思ってもらえる証拠や資格を書いて信用してもらう。

❶オファー（商品名・価格　など）
※商品情報について詳しく書く。

商品写真（補足イラスト）

❷ボディコピー（理由）
（ここがスゴイ！3つのポイント+②　など）
※キャッチコピーが実現できる理由を書いて納得してもらう。

↑【買わない・行動しない】↓
欲しいと思った人にすぐ購入してもらうパーツ

❻リスク対策（よくある質問+⑥　など）
※不安を取り除く為の対策を提示し、お客様が買わない理由をなくす。多い場合はQ&A形式。

❼行動喚起（〇〇の為、限定△△個など）
※今すぐ購入しないといけない理由を書く。なければ空けておく。無理してつくらない。

❽購入方法＆購入先（⑧店名・電話番号　など）
※ターゲットが一番購入しやすい方法を大きく書く。それ以外にも様々な購入方法を書いて購入しやすくする。

作成マンダラ

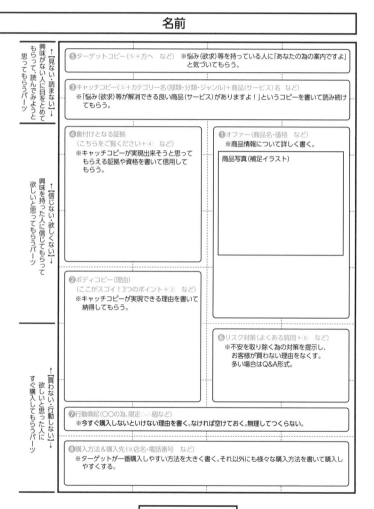

図3-1 「マンダラ広告作成法シート」は左と右でワンセット

「マンダラ広告作成法」シート　商品（サービス）・チラシ・片面版

～で悩んでいる（困っている）	～を考えている（検討している）	～をしたくない（面倒くさい）	なれる（実現する）	ラクになる（簡単になる）	速くなる（短くなる）	写真・データ数字	販売数取引数	資格・特許
～が出来ない（わからない）	⑤商品を買って喜ぶ人はどんな人（状態）？	～が足りない（減っている）	得られる（学べる）	③商品を使う事によってお客様はどんな良い事（状態）になる？	増える（長くなる）	表彰・認定コンテスト	④信用してもらえる証拠・語れる資格は？	公的・有名取引実績
～に不安がある（不満がある）	～してしまう（やめられない）	～でいいのか（逃れたい）	出来るようになる（わかる）	解消できる（軽減できる）	喜ばれる（褒められる）	推薦文・お客様の声	マスコミ出演・掲載実績	ランキング初・歴史
素材（材質・内容）	技術（作り方・やり方）	人（作った・やる人）	⑤ターゲットコピー	③キャッチコピー	④裏付けとなる証拠	使用する写真（イラスト）	価格（販売・参加費）	内容（素材・流れ）
所持（道具・仲間）	②ライバルより勝ってる所は？（拘りや目新しさでもOK）	ルート（仕入れ）	②ボディコピー	商品名（サービス名）	①オファー	日時（工期・期限）	①商品（サービス）情報	場所（産地・開催）
使い道	対応（フォロー）	特典	⑥リスク対策	⑦行動喚起	⑧お問い合わせ	大きさ・重さ形状・色・味	対象・制限バリエーション	想い（プロフィール）
説明（よくある質問）	お試し（サンプル）	お客様の声（見学）	数量・人数が限られている	期間・時期が限られている	場所・地区が限られている	会社・店名（担当）	住所・地図（駐車場有無）	電話番号（FAX）
保証（返金・品質）	⑥何があれば不安なくすぐ購入できる？	～の対応可能	年齢・職種が限られている	⑦今、購入しないといけない理由は何かある？	次回の入荷（開催）が不明	ホームページ・ブログ・SNS	⑧会社やお店の情報&購入方法	メール・LINEID
こんな方もOK	支払い方法（カード・代引き）	厳守（秘密・納期）	今だけ特典・割引がある	今だけ～の対応が可能	手遅れになる・予想される	営業時間・定休日	QRコード（〇〇で検索）	申込書記入欄

発想マンダラ

2 簡単かつ、今のニーズにピッタリ合った広告作成法

これまでチラシというのは、素人にはなかなかつくるのが難しいものでした。そのため広告代理店などの手を借りないと、集客できるレベルまで持っていくのは難しいと言われてきました。

それはこの分野において、以下のような専門知識が必須の条件とされてきたからです。

- **マーケティングの知識がないと広告はつくれない**
- **コピーライティングの知識がないと広告はつくれない**
- **心理学を知らないと広告はつくれない**
- **ペルソナを知らないと広告はつくれない**

「ペルソナ」というのは、「28歳、正社員、独身」といった具合にターゲットとなるお客

様を具体的に設定し、そのお客様が好みそうなキャッチコピーや紙面構成を考えていくことです。

いずれにしろ広告の世界では、こうした手法が必須であり、普通の人は手が出せない領域でした。

しかし「マンダラ広告作成法」を使えば、こうした障壁を、取り除くことができます。心理学的なことなども知らなくてＯＫなのです。

「マンダラ広告作成法」でつくるのは、効果的に伝わるようにした説明

ベースになるのは、あくまでお客様に対して売る側が行なう「説明」です。

前章でも述べましたが、**お客様とのミスマッチがなく、「こういう商品が欲しい」という需要に対して、「この商品はまさに、それにピッタリ合った商品です」ということが説明できれば、商品は確実に売れます。**

「マンダラ広告作成法」でつくるのは、効果的に伝わるようにした「説明」に他なりません。

別にコミュニケーション力がなくても、**「マンダラ広告作成法シート」に書かれている「質問」に答えていけば、誰でもチラシ上の説明をつくることができます。**

前章でも紹介したように、自分のニーズに合致していることがわかれば、稚拙《ちせつ》な説明でも、長くなっても、お客様はちゃんと読んでくれるのです。

さらに詳しい説明が欲しければ、ランディングページへもアクセスしてくれます。よって専門的なマーケティング知識が必要なくなるのです。中小企業にとって、これ以上に効率的かつ、機能的な方法はないでしょう。

3　8つの質問で「発想マンダラ」をつくる

では、83ページに掲載した「マンダラ広告作成法シート」の左側、**「発想マンダラ」**を見ていただきましょう。

9つのマスから成り立つことを説明しますが、質問で埋めるのは中心にある1マスを除いた周囲の8つにあるマスです。

つまり、今回作成する「A4」1枚チラシは、質問に答えることによって決まる「8つのパート」によって構成されます。

この「8つのパート」とは、真ん中のマス、その中心の「商品名（サービス名）」を取り巻く、①〜⑧の要素に関するものです。以下がその8つの要素です。

①オファー／②ボディコピー／③キャッチコピー／④裏付けとなる証拠／⑤ターゲットコピー／⑥リスク対策／⑦行動喚起／⑧購入方法&購入先

質問と連想をうながすためのキーワードが並ぶ

①〜⑧それぞれに関する質問は、図3－1の左側の「発想マンダラ」の中心から放射状に伸びた↓の方向にあるマスの中心に記しています。

①オファー……その商品（サービス）は、どんなものですか？

②ボディコピー……その商品（サービス）がライバルに勝っている所は、どんな点ですか？

③キャッチコピー……その商品（サービス）を使うことによって、お客様はどんなよいこと（状態）になりますか？

④裏付けとなる証拠……その商品（サービス）が信用してもらえる証拠は？　あるいは語れる資格は？

⑤ターゲットコピー……その商品（サービス）を購入して喜ぶ人は、どんな人ですか？

⑥リスク対策……何があれば不安なく、すぐに購入していただけますか？

⑦行動喚起……今、購入しないといけない理由には何がありますか？

⑧購入方法&購入先……会社やお店の情報、あるいは購入方法は？

ちなみに、質問は8つのマスの真ん中の部分のみで、その周りの8つの要素は、連想をうながすためのキーワードが並んでいます。

イメージしやすいように、このフォーマットはあらかじめ挿入して提供しています。

4 「マンダラ広告作成法」の質問にどう答えていくか？

（1）その商品（サービス）は、どんなものですか？〈オファー〉

では、「マンダラ広告作成法」を解説していきましょう。

最初の質問、発想マンダラで右側の列、中央の「①商品（サービス）情報」に当たる部分です。取りかこむ８つのキーワードには、次の要素があります。

・使用する写真（イラスト）
・価格（販売・参加費）
・内容（素材・流れ）
・日時（工期・期限）

・場所（産地・開催）
・大きさ・重さ・形状・色・味
・対象／制限／バリエーション
・想い（プロフィール）

これらのヒントをもとに、思いつくことを8つの要素のマスの中に書いていきます。

基本的に各ブロックの①～⑧の質問は、答えやすい順を考えて配置しています。ただ、書けなければ空けておいていいし、答えがダブってもかまいません。どうしても出てきにくい場合は順番を変えても構いません。

広告がつくれない人は最初から、「どう書けば売れるかな？」ということばかりを考えすぎて、かえって答えが出てこないところがあります。

このマンダラではそうした欲を捨て、とにかく思いつくまま、閃《ひらめ》きをそのまま記述していってください。そのほうが結果的に、キーワードが出てきやすくなります。

(2) その商品(サービス)がライバルに勝っている所は、どんな点ですか?〈ボディコピー〉

「ボディコピー」とは、簡単に言ってしまえば、他の商品ではなくこの商品が選ばれる理由です。同時に、キャッチコピーが納得できる理由です。

ようは**売る側にとって、「ここがスゴいんだ!」とお客様に納得してもらえるアピールポイント**を記入すればいいでしょう。

「売れるかどうか」を特別に意識して考えず、勝っていると思う点を素直にあげるのがコツです。

ヒントとしては、次のような要素があります。

- 素材(材質・内容)
- 技術(つくり方・やり方)
- 人(つくった人・やる人)
- 所持(道具・仲間)
- ルート(仕入れ)

・使い道
・対応（フォロー体制など）
・特典

（3）その商品（サービス）を使うことによって、お客様はどんなよいこと（状態）になりますか？〈キャッチコピー〉

次は「キャッチコピー」ですが、一般的なキャッチという言葉に縛られず、**「お客様がそれによって、どんな『よいこと』が得られるか」**を考えてください。先の「商品がライバルに比べて勝っているポイント」が、一番どんな効果をもたらすかに注目するといいでしょう。

ヒントとなるのは、次のようなお客様にとっての「よいこと」です。

・なれる（実現する）
・ラクになる（簡単になる）
・速くなる（短くなる）
・得られる（学べる）

・増える（長くなる）
・出来るようになる（わかる）
・解消できる（軽減できる）
・喜ばれる（褒められる）

ヒントをもとに考えるだけでも、この部分には、さまざまな回答が思い浮かぶかもしれません。

（4）その商品（サービス）が信用してもらえる証拠は？ あるいは語れる資格は？〈裏付けとなる証拠〉

どれだけよいコピーが書かれていても裏付けとなる具体的な証拠がなければお客様は信用してくれません。信用の裏付けとなる具体的証拠とは、まさにヒントのキーワードに記されているようなものを意味します。

・写真・データ・数字
・販売数・取引数

・資格・特許
・表彰・認定・コンテスト
・公的・有名取引実績
・推薦文・お客様の声
・マスコミ等出演・掲載実績
・ランキング・初の事績・歴史

最も効果的なのは、やはり「お客様の声」で、**「自分と同じような問題を持っている人が、その商品によって問題を解決できた」というリアルな声は、どんな美辞麗句よりもお客様に伝わりやすい**わけです。

ただ、これができるのはすでに一定のお客様を抱えている商品やサービスだけで、新規の事業であれば、そうはいきません。その場合であれば、説得力となる会社の実績であったり、原料や成分のデータに基づく効果をうったえます。

（5）その商品（サービス）を購入して喜ぶ人は、どんな人ですか？〈ターゲットコピー〉

「いいこと」を喜ぶ状態の人は、どんな人か？　「何かで悩んでいる」とか、「何かをしたくない」というお客様側の需要になります。

ターゲットコピーのヒントになる言葉は、次の8つです。

・〜で悩んでいる（困っている）
・〜を考えている（検討している）
・〜をしたくない（面倒くさい）
・〜が出来ない（わからない）
・〜が足りない（減っている）
・〜に不安がある（不満がある）
・〜してしまう（やめられない）
・〜でいいのか（逃れたい）

ターゲットが想定できないのであれば、強みではない可能性があります。**マンダラ広告作成法においては、お客様側から考えるのではなく、まずは自分たちの強みのほうから考えることで本当のターゲットが明確になるのです。**

（６）何があれば不安なく、すぐに購入していただけますか？〈リスク対策〉

「こういうことを書いておいたら、お客様の不安は解消できるだろう」という要素を、お客様の気持ちになって考えます。

お客様を不安にさせる要素とは、何でしょう？　たとえば、「費用対効果」です。「せっかく高いお金を払ったのに、まったく効き目がなかったらどうしよう」という不安。美容商品や健康商品、あるいは教材などなど。「買って損をした」という方も、中にはいらっしゃるかもしれません。

では、何があればその「高いお金を払ったのに、まったく効き目がなかったらどうしよう」という不安を払拭できるか？

たとえば「お試し１０００円」といったサンプル的な商品を用意する、あるいは「８日以内であれば返品ＯＫ」といったクーリングシステムがあれば、「損をすることはない」

と購入しやすくなります。
お客様の不安を取り除くものとして、代表的なものは次の通りです。

・説明（よくある質問に対して）
・お試し（サンプル）
・お客様の声（見学・対話）
・保証（返金・品質）
・～の対応可能
・こんな方もOK
・支払い方法（カード・代引き）
・厳守しているもの（秘密・納期）

（7）今、購入しないといけない理由には何がありますか？〈行動喚起〉

「なぜ、今、購入しないといけないのか」というのは、「数量が限られている」とか、「場所が限られている」などの要素です。ヒントには次のようなものを並べています。

・数量・人数が限られている
・期間・時期が限られている
・場所・地区が限られている
・年齢・職種が限られている
・次回の入荷（開催）が不明
・今だけ特典・割引がある
・今だけ〜の対応が可能
・手遅れになる・予想される

いずれもお客様には、「今、買わないと買えなくなるかもしれない」ということから購入を促すものですが、なければないで構いません。

わざわざ状況を演出したり、ウソをついてまでお客様をあおることはしないでください。ウソをつき、ばれてしまえばダメージも大きくなります。

（8）会社やお店の情報、あるいは購入方法を記入してください〈購入方法&購入先〉

最後は「どこでどうやって購入するか」。次のような要素です。

・会社・店名（担当）
・住所・地図（駐車場有無）
・電話番号（FAX）
・ホームページ・ブログ・SNS
・メール・LINEのID
・営業時間・定休日
・QRコード（○○で検索）
・申込書記入欄

（9）「作成マンダラ」を完成させる

「発想マンダラ」が埋まったら、あとはシートの右側にある**「作成マンダラ」**に回答を移行していくだけです。

まずはいくつか回答した枠内の回答のうち、商品やサービスの強み、お客様にメリットになると思われるものなど、**一番のものに○をつけていきましょう。その後、「発想マンダラ」の枠にある○をつけた言葉を吟味しながら、「作成マンダラ」の該当の欄に記入していきます。**場合によっては、複数の回答に○をつけて「作成マンダラ」に入れても構いません。

ただ、**「キャッチコピー」と「ターゲットコピー」は、最もお客様に響くと思われる1つを選ぶのが原則**です。

前章のサッシの例のように、1つのチラシに対して、1つのキャッチ。だから「冬でもあたたかい」の他に、「結露を防ぐ」といった別の需要に応える要素は1つのチラシでは一緒には採用しません。

あくまで**売る側が「最も購買理由になると思われるもの」を1つ選び、チラシは1メッセージに集中**します。これが外れれば新しいメッセージで挑戦するのみですし、サッシの例のようにメッセージごとのチラシをつくる方法もあります。

なお、「キャッチコピー」や「ターゲットコピー」の説得力となるのでしたら、「ボディコピー」などは複数になっても構いません。

5 実際に、「マンダラ広告作成法」でチラシをつくってみる

では、実際に「マンダラ広告作成法」で、商品のチラシをつくってみましょう。

「太陽卵卵黄油黒にんにく」というサプリメントで説明します（わかりやすくするために薬機法等を無視しています）。これは栄養満点の卵と、卵黄から採った油、それに黒にんにくのエキスを1つのカプセルに閉じ込めた製品です。

これからその商品のチラシをつくっていきますが、ルールは次のようなものです。

・参考キーワードを見ながら、思いついた言葉を書き出す
・参考キーワードと合っていなくてもOK
・他のパートと内容がダブってもOK
・書けなければそのまま空けておく

なお、とくに時間制限はありませんが、人間は切羽詰まるとアイデアが出やすいと言います。できたら各パーツ、３分ぐらいで埋めていきましょう。

（１）その商品（サービス）は、どんなものですか？〈オファー〉

まずは中段右側のマス、「①商品」のところです。ここに入るのは、「最低限、入れなければいけない商品情報」になります。

８つのキーワードに対する回答は、次のようになりました。

・使用する写真（イラスト）……パッケージの写真
・価格（販売・参加費）……２９８０円（税込）
・内容（素材・流れ）……卵黄油・発酵黒にんにく
・日時（工期・期限）……１ヶ月分
・場所（産地・開催）……長崎産
・大きさ・重さ・形状・色・味……60粒
・対象・制限・バリエーション……まとめ買いセット

使用する写真 （イラスト） パッケージの 写真	価格 （販売・参加費） 2980円 （税込）	内容 （素材・流れ） 卵黄油・ 発酵 黒にんにく
日時 （工期・納期） 1ケ月分	① 商品 （サービス） 情報	場所 （産地・開催） 長崎産
大きさ・重さ・ 形状・色・味 60粒	対象・制限・ バリエーション まとめ買い セット	想い （プロフィール） 母の健康を 願ってつくった

図3-2 「マンダラ広告作成法シート」の商品情報を記入する

太陽卵卵黄油黒にんにく(1)

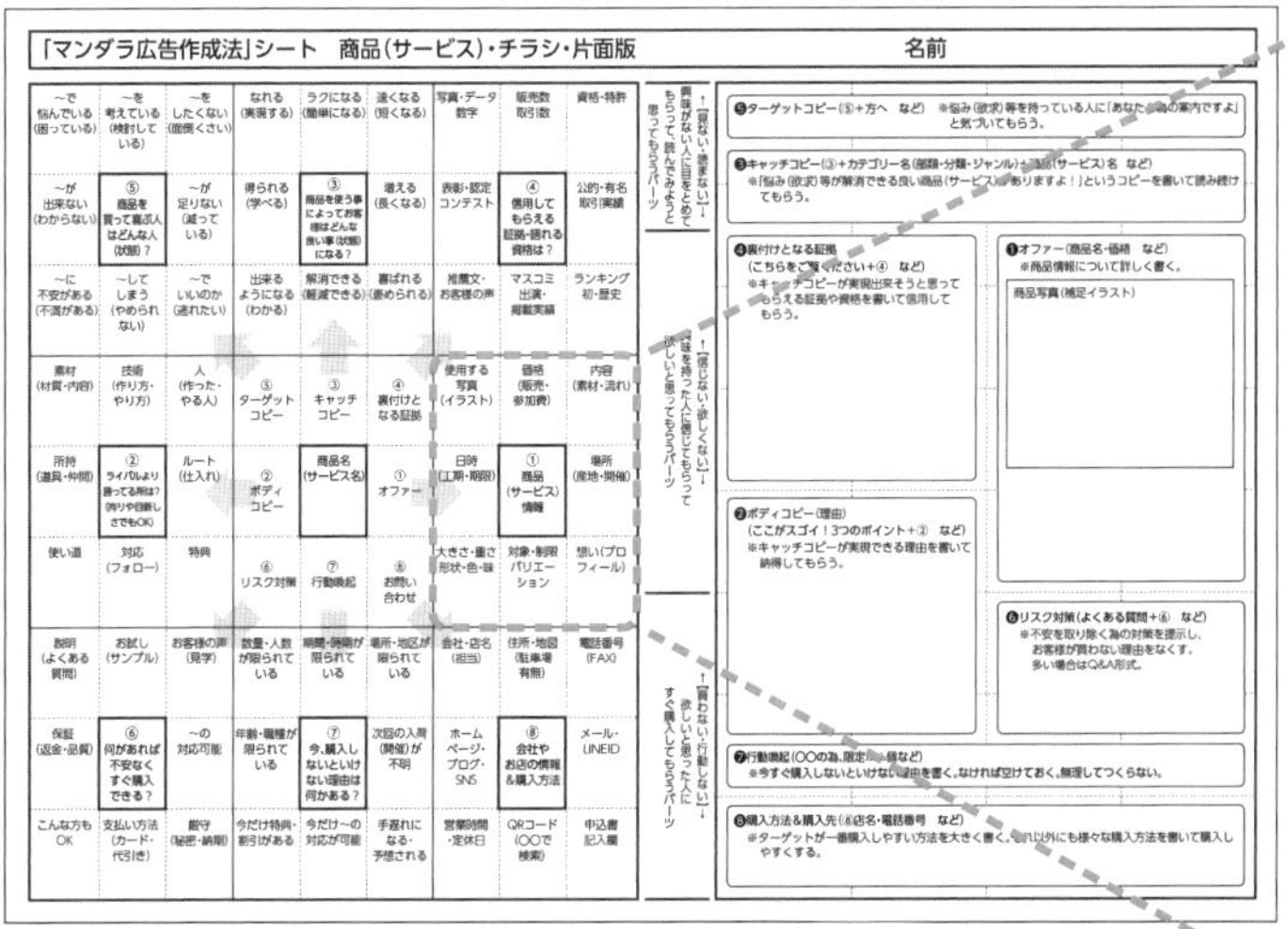

中段右側の「①商品(サービス)情報」には、
使用する写真・価格・サイズなど、
商品(サービス)について最低入れなければいけない情報を、
書かれているキーワードを参考にして
思いついたまま書き出す。

・想い（プロフィール）……母の健康を願ってつくった

これらのキーワードが、①を取り巻く8つのマスに入ることになります（図3－2）。

（2）その商品（サービス）がライバルに勝っている所は、どんな点ですか？

中段左側のマス「②ライバルより勝っているところは？」の部分です。キーワードに相当する、商品の特徴や利点を入れていきます。

・素材（材質・内容）……3種類の栄養素が豊富
・技術（作り方・やり方）……卵黄油は何時間もかかる
・人（作った・やる人）……卵を知り尽くしている人がつくっている
・所持（道具・仲間）……養鶏場を持っている
・ルート（仕入れ）……自社の養鶏場
・使い道……ソフトカプセル（無臭）
・対応（フォロー）……空白

・特典……空白

これらのキーワードが、②を取り巻く8つのマスに入ることになります（図3－3）。

（3）その商品（サービス）を使うことによって、お客様はどんなよいこと（状態）になりますか？〈キャッチコピー〉

上段中央のマス「③商品を使うことによってお客様はどんなよいことになる？」の部分です。8つのキーワードに対する答えは、次のようになりました。

・なれる（実現する）……朝、すっきり目覚められる
・ラクになる（簡単になる）……身体がラクになる
・速くなる（短くなる）……疲れの回復が早くなる
・得られる（学べる）……健康が得られる
・増える（長くなる）……熟睡時間が増える
・出来るようになる（わかる）……早起きが出来るようになる
・解消できる（軽減できる）……寝不足が解消できる

素材 （材質・内容） ３種類の 栄養素が 豊富	技術 （作り方・やり方） 卵黄油は 何時間も かかる	人 （作った・やる人） 卵を知り尽く している人が つくっている
所持 （道具・仲間） 養鶏場を 持っている	② ライバルより 勝っている 所は？ （拘りや目新しさ でもOK）	ルート （仕入れ） 自社の 養鶏場
使い道 ソフト カプセル （無臭）	対応 （フォロー） （空白）	特典 （空白）

図3-3 「マンダラ広告作成法シート」の ライバルより勝っている所を記入する

太陽卵卵黄油黒にんにく(2)

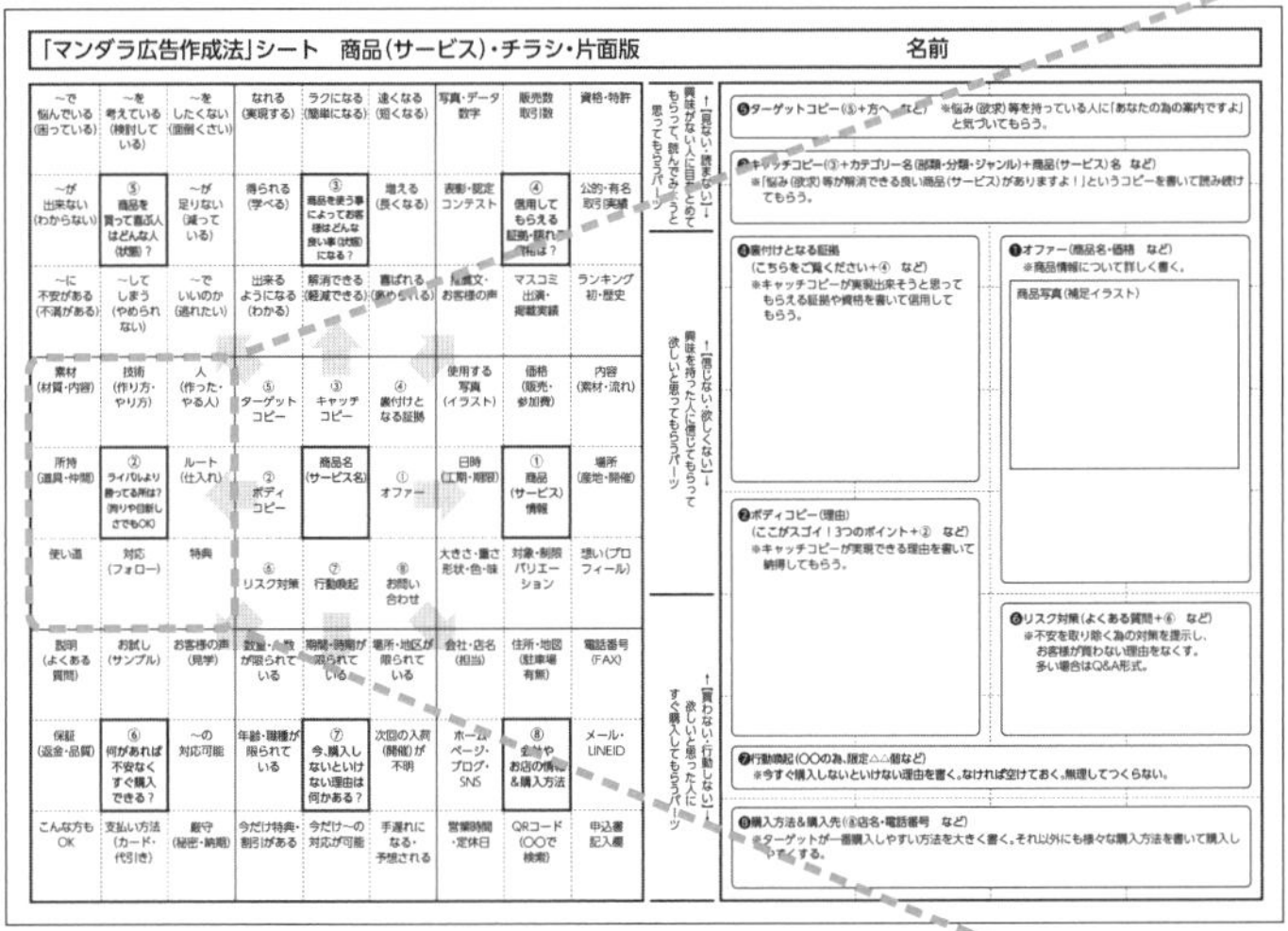

中段左側の「②ライバルより勝っている所は？（こだわりや目新しさでもOK）」には、素材・技術・ルートなどライバルの商品（サービス）より勝っている所を、書かれているキーワードを参考にして思いついたまま書き出す。

なれる （実現する） 朝、すっきり 目覚められる	ラクになる （簡単になる） 身体が ラクになる	速くなる （短くなる） 疲れの回復が 早くなる
得られる （学べる） 健康が 得られる	③ 商品を使う事に よってお客様は どんな良い事 （状態）になる？	増える （長くなる） 熟睡時間が 増える
出来るようになる （わかる） 早起きが 出来るように なる	解消できる （軽減できる） 寝不足が 解消できる	喜ばれる （褒められる） 母親に送ると 喜ばれる

図3-4 「マンダラ広告作成法シート」のお客様はどんなよいことになるかを記入する

太陽卵卵黄油黒にんにく(3)

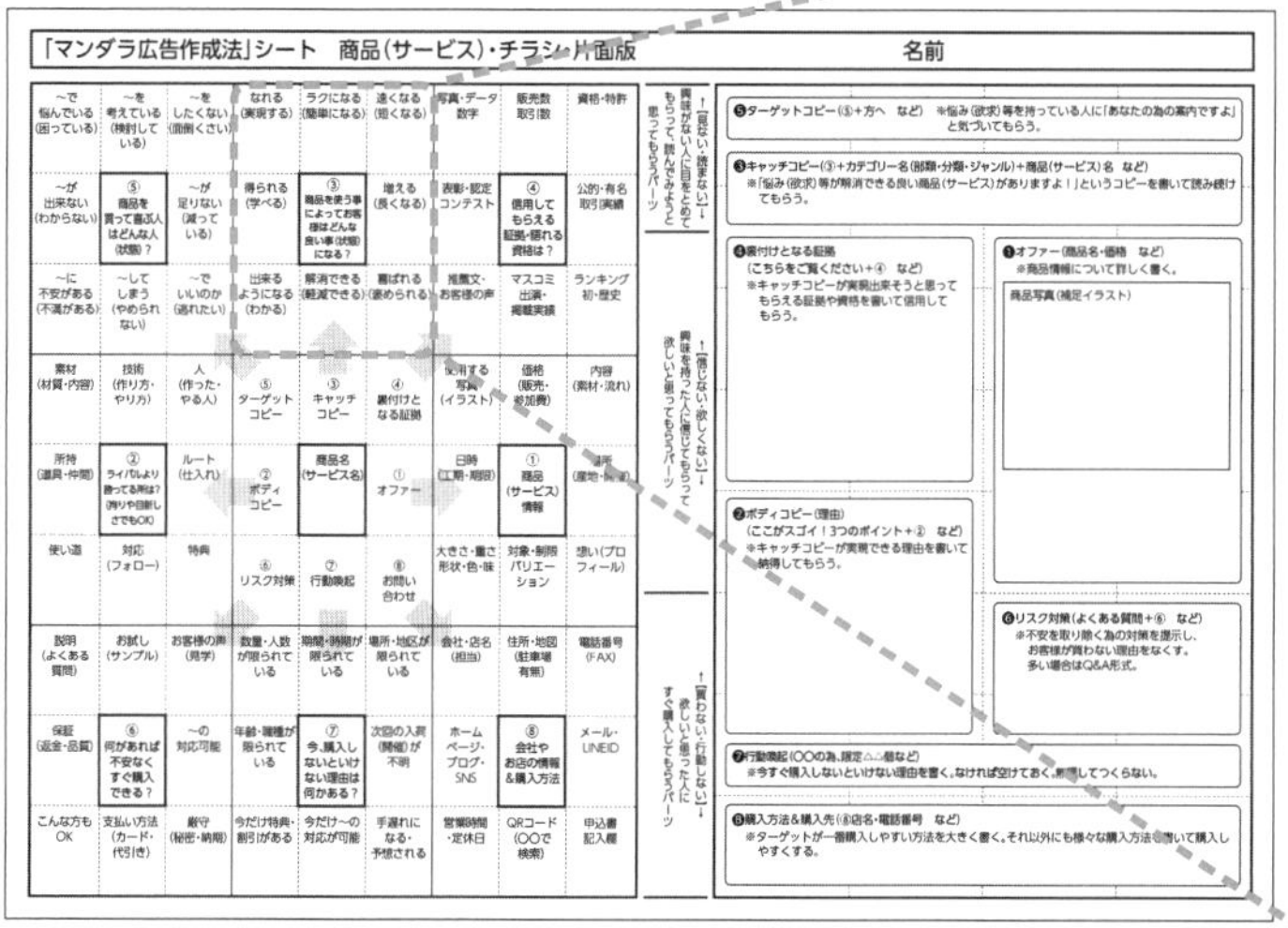

上段中央の「③商品を使うことによってお客様はどんな良いこと(状態)になる?」には、
なれる・ラクになる・速くなるなど
商品(サービス)を使って得られることを、
書かれているキーワードを参考にして
思いついたまま書き出す。

・喜ばれる（認められる）……母親に送ると喜ばれる

これらのキーワードが、③を取り巻く8つのマスに入ることになります（図3－4）。

（4）その商品（サービス）が信用してもらえる証拠は？あるいは語れる資格は？〈裏付けとなる証拠〉

上段右側のマス「④信用してもらえる証拠・語れる資格は？」の部分です。8つのキーワードに対する答えは、次のようになりました。

・写真・データ・数字……睡眠の質が改善された検査データ
・販売数・取引数……過去の購入者数
・資格・特許……（空白）
・表彰・認定・コンテスト……（空白）
・公的・有名取引実績……卵は名門洋菓子店で使用
・推薦文・お客様の声……お客様の声3件
・マスコミ出演・掲載実績……地元の○○新聞に掲載

・ランキング・初・歴史……創業70年

以上を踏まえ、④を取り巻くキーワードは、図のようになります（図3－5）。

（5）その商品（サービス）を購入して喜ぶ人はどんな人ですか？〈ターゲットコピー〉

上段左側のマス「⑤商品を買って喜ぶ人はどんな人？」の部分です。8つのキーワードに対する回答は、次のようになりました。

・～で悩んでいる（困っている）……寝不足で悩んでいる
・～を考えている（検討している）……病院へ行くか検討している
・～をしたくない（面倒くさい）……規則正しい生活が面倒くさい
・～が出来ない（わからない）……朝なかなか起きられない
・～が足りない（減っている）……睡眠が足りない
・～に不安がある（不満がある）……長生きできるか不安がある
・～してしまう（やめられない）……夜更かししてしまう

写真・データ 数字 睡眠の質が 改善された 検査データ	販売数 取引数 過去の 購入者数	資格・特許 （空白）
表彰・認定 コンテスト （空白）	④ 信用して もらえる証拠 語れる資格は？	公的・有名 取引実績 卵は名門 洋菓子店で 使用
推薦文・ お客様の声 お客様の声 3件	マスコミ出演・ 掲載実績 地元の 〇〇新聞に 掲載	ランキング 初・歴史 創業 70年

図3-5 「マンダラ広告作成法シート」の信用してもらえる証拠を記入する

太陽卵卵黄油黒にんにく(4)

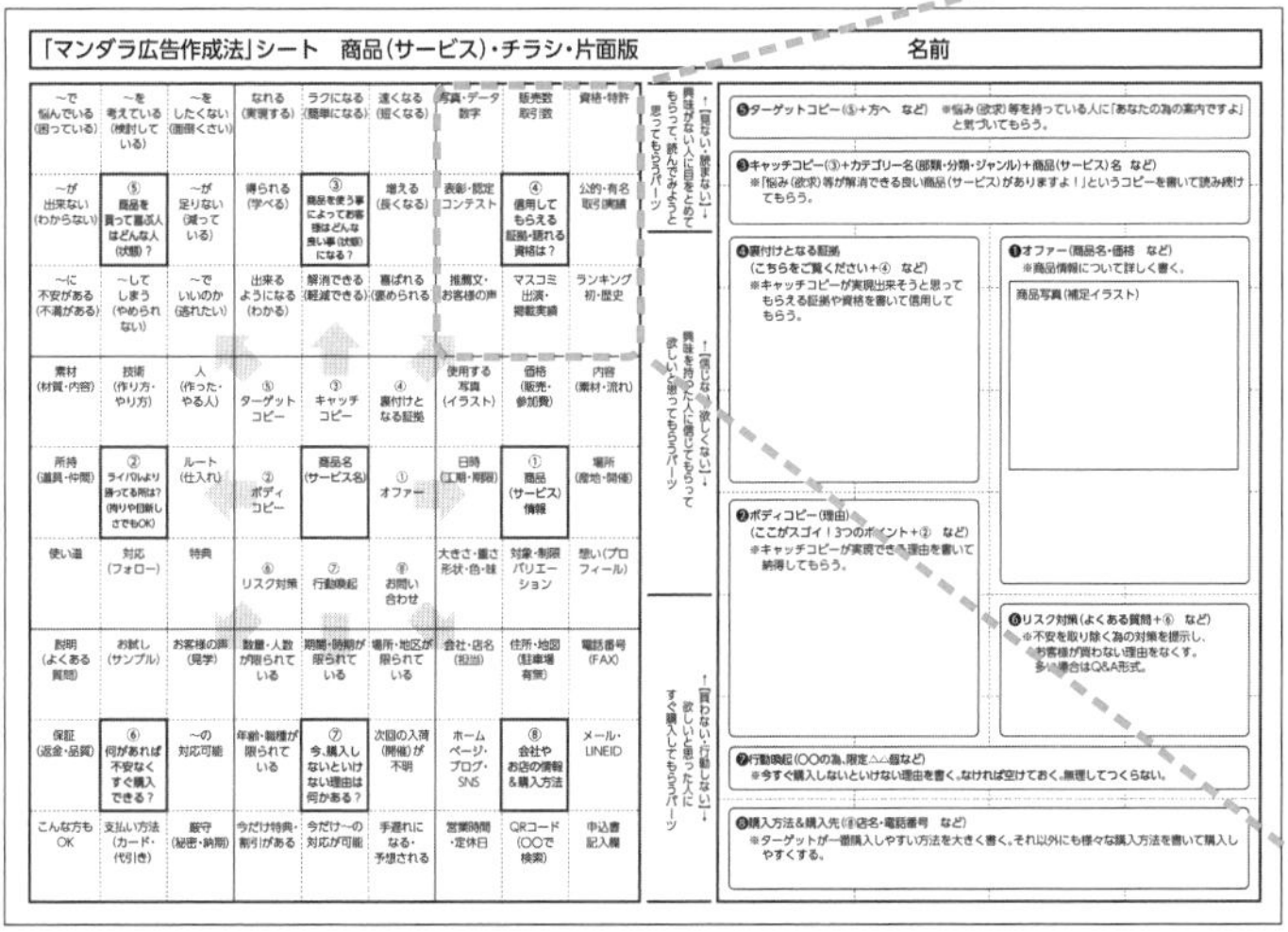

上段右側の「④信用してもらえる証拠・語れる資格は？」には、
商品(サービス)を使って得られることが、
本当だと信じてもらえる写真やデータなどの証拠や
〇〇士といった資格がないかを、
書かれているキーワードを参考にして
思いついたまま書き出す。

〜で悩んでいる（困っている） 寝不足で悩んでいる	〜を考えている（検討している） 病院へ行くか検討している	〜をしたくない（面倒くさい） 規則正しい生活が面倒くさい
〜が出来ない（わからない） 朝なかなか起きられない	⑤ 商品を買って喜ぶ人はどんな人（状態）？	〜が足りない（減っている） 睡眠が足りない
〜に不安がある（不満がある） 長生きできるか不安がある	〜してしまう（やめられない） 夜更かししてしまう	〜でいいのか（逃れたい） 今の生活スタイルでいいのか

図3-6 「マンダラ広告作成法シート」の どんなことを思っている人を記入する

太陽卵卵黄油黒にんにく(5)

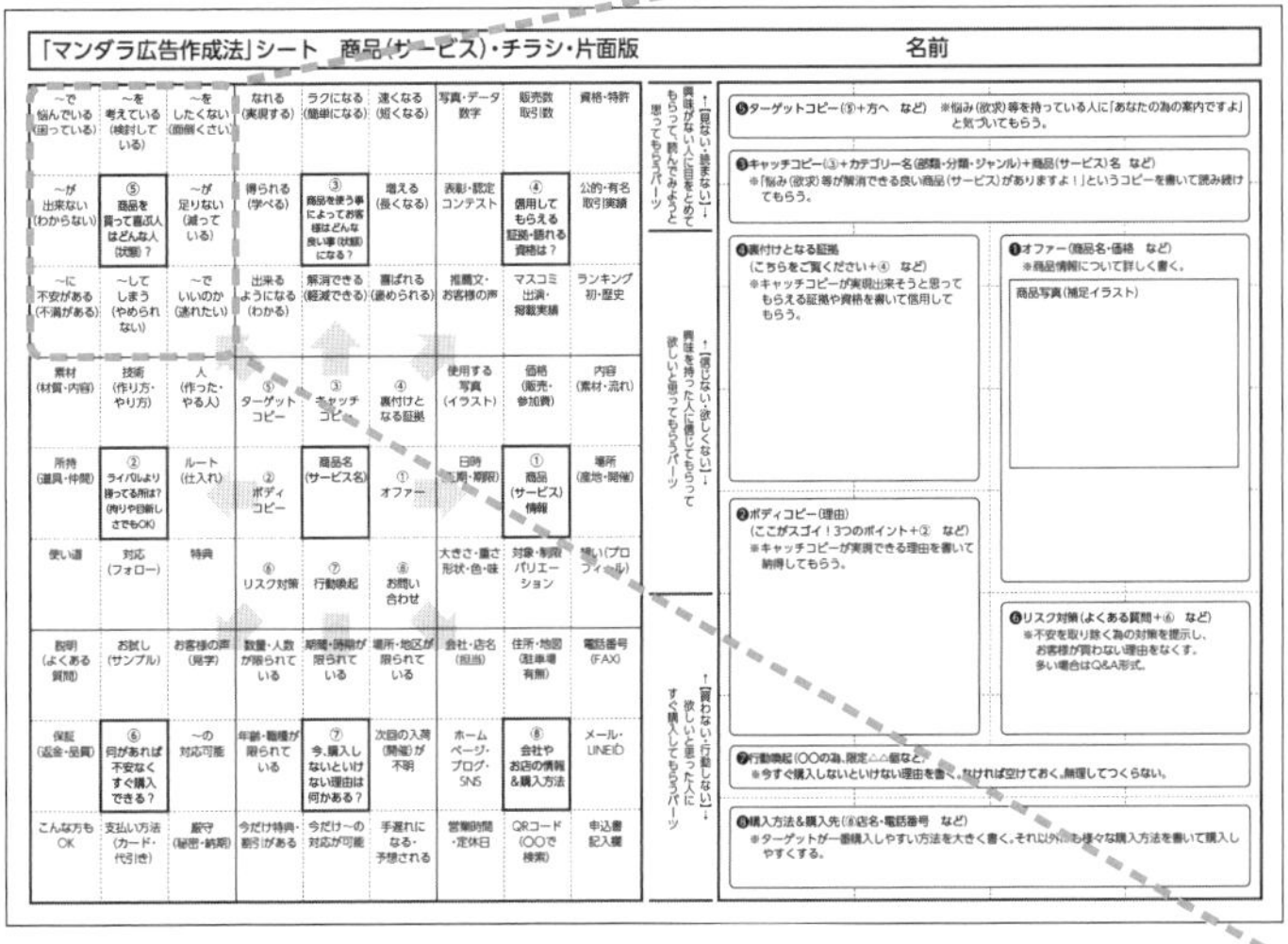

上段左側の
「⑤商品を買って喜ぶ人はどんな人(状態)？」には、
商品(サービス)を使って得られることを
一番喜ぶ人(状態)はどんな悩みや欲求を持っているかを、
書かれているキーワードを参考にして
思いついたまま書き出す。

・〜でいいのか（逃れたい）……今の生活スタイルでいいのか

これらのキーワードが、⑤を取り巻く8つのマスに入ることになります（図3-6）。

（6）何があれば不安なく、すぐに購入していただけますか？〈リスク対策〉

下段左側のマス「⑥何があれば不安なくすぐ購入できる？」という部分です。8つのキーワードに対する答えは、次のようになりました。

・説明（よくある質問）……（空白）
・お試し（サンプル）……お試し1000円
・お客様の声（見学）……（空白）
・保証（返金・品質）……8日以内未開封なら返品OK
・〜の対応可能……ご希望日に配達
・こんな方もOK……月ごと数を変えたい
・支払い方法（カード・代引き）……カード払いOK
・厳守（秘密・納期）……（空白）

これらのキーワードが、⑥を取り巻く8つのマスに入ることになります（図3－7）。

（7）今、購入しないといけない理由には何がありますか？〈行動喚起〉

下段中央のマス「⑦今、購入しないといけない理由は何かある？」の部分です。ほとんどは「該当しない」という回答だったのですが、消費税増税だけ書きました。

・数量・人数が限られている……（空白）
・期間・時期が限られている……（空白）
・場所・地区が限られている……（空白）
・年齢・職種が限られている……（空白）
・次回の入荷（開催）が不明……（空白）
・今だけ特典・割引がある……（空白）
・今だけ～の対応が可能……（空白）
・手遅れになる・予想される……消費税増税

これらのキーワードが、⑦を取り巻く8つのマスに入ることになります（図3－8）。

説明 （よくある質問） （空白）	お試し （サンプル） お試し 1000円	お客様の声 （見学） （空白）
保証 （返金・品質） 8日以内 未開封なら 返品OK	⑥ 何があれば 不安なくすぐ 購入できる？	～の対応可能 ご希望日に 配達
こんな方も OK 月ごと数を 変えたい	支払い方法 （カード・代引き） カード払い OK	厳守 （秘密・納期） （空白）

図3-7 「マンダラ広告作成法シート」の購入の不安を記入する

太陽卵卵黄油黒にんにく(6)

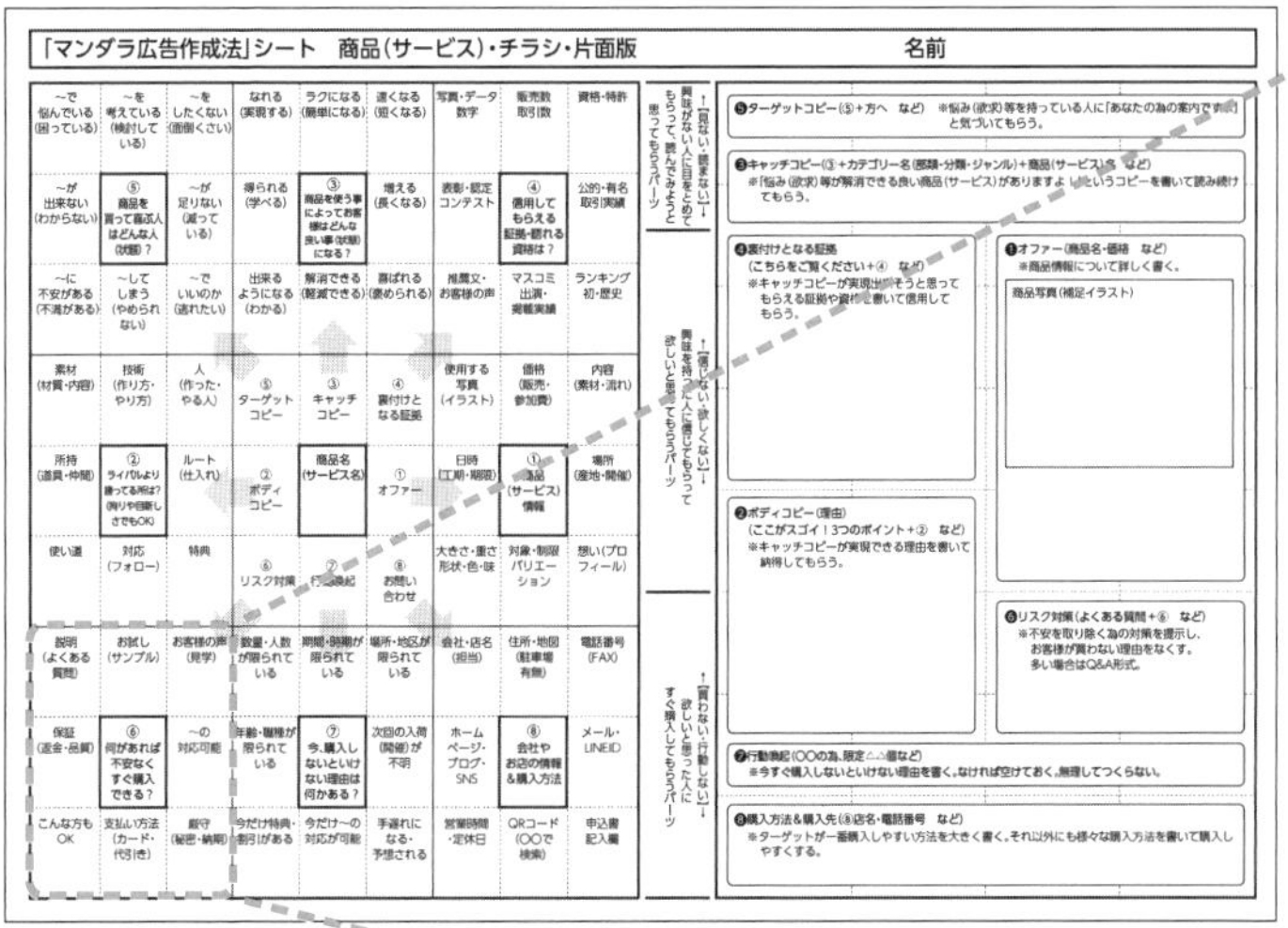

「マンダラ広告作成法」シート　商品(サービス)・チラシ・片面版　　名前

～で悩んでいる(困っている)	～を考えている(検討している)	～をしたくない(面倒くさい)	なれる(実現する)	ラクになる(簡単になる)	速くなる(短くなる)	写真・データ数字	販売数取引数	資格・特許
～が出来ない(わからない)	⑤商品を買って喜ぶ人はどんな人(状態)?	～が足りない(減っている)	得られる(学べる)	③商品を使う事によってお客様はどんな良い事(状態)になる?	増える(長くなる)	表彰・認定コンテスト	④信用してもらえる証拠・誇れる資格は?	公的・有名取引実績
～に不安がある(不満がある)	～してしまう(やめられない)	～でいいのか(逃れたい)	出来るようになる(わかる)	解消できる(軽減できる)	喜ばれる(褒められる)	推薦文・お客様の声	マスコミ出演・掲載実績	ランキング初・歴史
素材(材質・内容)	技術(作り方・やり方)	人(作った・やる人)	⑤ターゲットコピー	③キャッチコピー	④裏付けとなる証拠	使用する写真(イラスト)	価格(販売・参加費)	内容(素材・流れ)
所持(道具・仲間)	②ライバルより勝ってる所は?(偏りや目新しさでもOK)	ルート(仕入れ)	②ボディコピー	商品名(サービス名)	①オファー	日時(工期・期限)	①商品(サービス)情報	場所(産地・開催)
使い道	対応(フォロー)	特典	⑥リスク対策	⑦行動喚起	⑧お問い合わせ	大きさ・重さ形状・色・味	対象・制限バリエーション	想い(プロフィール)
説明(よくある質問)	お試し(サンプル)	お客様の声(見学)	数量・人数が限られている	期間・時期が限られている	場所・地区が限られている	会社・店名(担当)	住所・地図(駐車場有無)	電話番号(FAX)
保証(返金・品質)	⑥何があれば不安なくすぐ購入できる?	～の対応可能	年齢・職種が限られている	⑦今、購入しないといけない理由は何かある?	次回の入荷(開催)が不明	ホームページ・ブログ・SNS	⑧会社やお店の情報&購入方法	メール・LINEID
こんな方もOK	支払い方法(カード・代引き)	厳守(秘密・納期)	今だけ特典・割引がある	今だけ～の対応が可能	手遅れになる・予想される	営業時間・定休日	QRコード(〇〇で検索)	申込書記入欄

↑【見ない・読まない】↓ 興味がない人に目をとめてもらって、読んでみようと思ってもらうパーツ

↑【信じない・欲しくない】↓ 興味を持った人に信じてもらって欲しいと思ってもらうパーツ

↑【買わない・行動しない】↓ 欲しいと思った人にすぐ購入してもらうパーツ

❺ターゲットコピー(⑤+方へ　など)　※悩み(欲求)等を持っている人に「あなたの為の案内です」と気づいてもらう。

❸キャッチコピー(③+カテゴリー名(部類・分類・ジャンル)+商品(サービス)名　など)
※「悩み(欲求)等が解消できる良い商品(サービス)がありますよ」というコピーを書いて読み続けてもらう。

❹裏付けとなる証拠
(こちらをご覧ください+④　など)
※キャッチコピーが実現出来そうと思ってもらえる証拠や資格を書いて信用してもらう。

❶オファー(商品名・価格　など)
※商品情報について詳しく書く。
商品写真(補足イラスト)

❷ボディコピー(理由)
(ここがスゴイ！3つのポイント+②　など)
※キャッチコピーが実現できる理由を書いて納得してもらう。

❻リスク対策(よくある質問+⑥　など)
※不安を取り除く為の対策を提示し、お客様が買わない理由をなくす。多い場合はQ&A形式。

❼行動喚起(〇〇の為、限定△△個など)
※今すぐ購入しないといけない理由を書く。なければ空けておく。無理してつくらない。

❽購入方法&購入先(⑧店名・電話番号　など)
※ターゲットが一番購入しやすい方法を大きく書く。それ以外にも様々な購入方法を書いて購入しやすくする。

下段左側の「⑥何があれば不安なくすぐ購入できる？」には、
商品を購入したいと思ってくれたお客様が不安なく、
今すぐ購入しようと思ってもらうためには、
どんな不安を取り除けばいいのかが、書かれている
キーワードを参考にして思いついたまま書き出す。

（8）会社やお店の情報、あるいは購入方法を記入してください

下段右側のマス「⑧会社やお店の情報&購入方法」の部分です。

・会社・店名（担当）……株式会社〇〇〇〇
・住所・地図（駐車場有無）……長崎市〇〇〇〇
・電話番号（FAX）……0120-000-000
・ホームページ・ブログ・SNS……https://www.●●●.co.jp/
・メール（LINEID）……info@●●●.co.jp
・営業時間・定休日……9：00～18：00
・QRコード（〇〇で検索）……太陽卵サプリで検索
・申込書記入欄……空白（図3-9）。

（9）キーワードの中から、広告に入れる要素を選択する

1　上段左側のマス「⑤その商品（サービス）を購入して喜ぶ人」の中から、一番喜ぶ人

に○をつけましょう。
今回は**「朝、なかなか起きられない」**に、○をつけました。

2 上段中央のマス「③商品を使うことによってお客様はどんなよいことになる？」の中から、一番伝えたいことに○をつけます。
今回は**「朝、すっきり目覚められる」**に、○をつけました。

3 上段右側のマス「④信用してもらえる証拠は？ 語れる資格は？」の中から、信じてもらえる証拠として一番ふさわしいものに○をつけます。
この場合は**「お客様の声3件」**と判断しました。

4 中段左側のマス「②ライバルより勝っているところは？」です。お客様に納得されるだけの理由として、自信を持っている部分に○をつけます。
この場合は**「3種類の栄養素が豊富」**に○をしました。

5 中段右側のマス「①商品」の中で、チラシで伝えるべきものに○をつけます。

数量・人数が 限られている （空白）	期間・時期が 限られている （空白）	場所・地区が 限られている （空白）
年齢・業種が 限られている （空白）	⑦ 今、購入しないと いけない理由は 何かある？	次回の入荷 （開催）が不明 （空白）
今だけ特典・ 割引がある （空白）	今だけ〜の 対応が可能 （空白）	手遅れになる・ 予想される 消費税 増税

図3-8 「マンダラ広告作成法シート」の今すぐ買わなければいけない理由を記入する

太陽卵卵黄油黒にんにく(7)

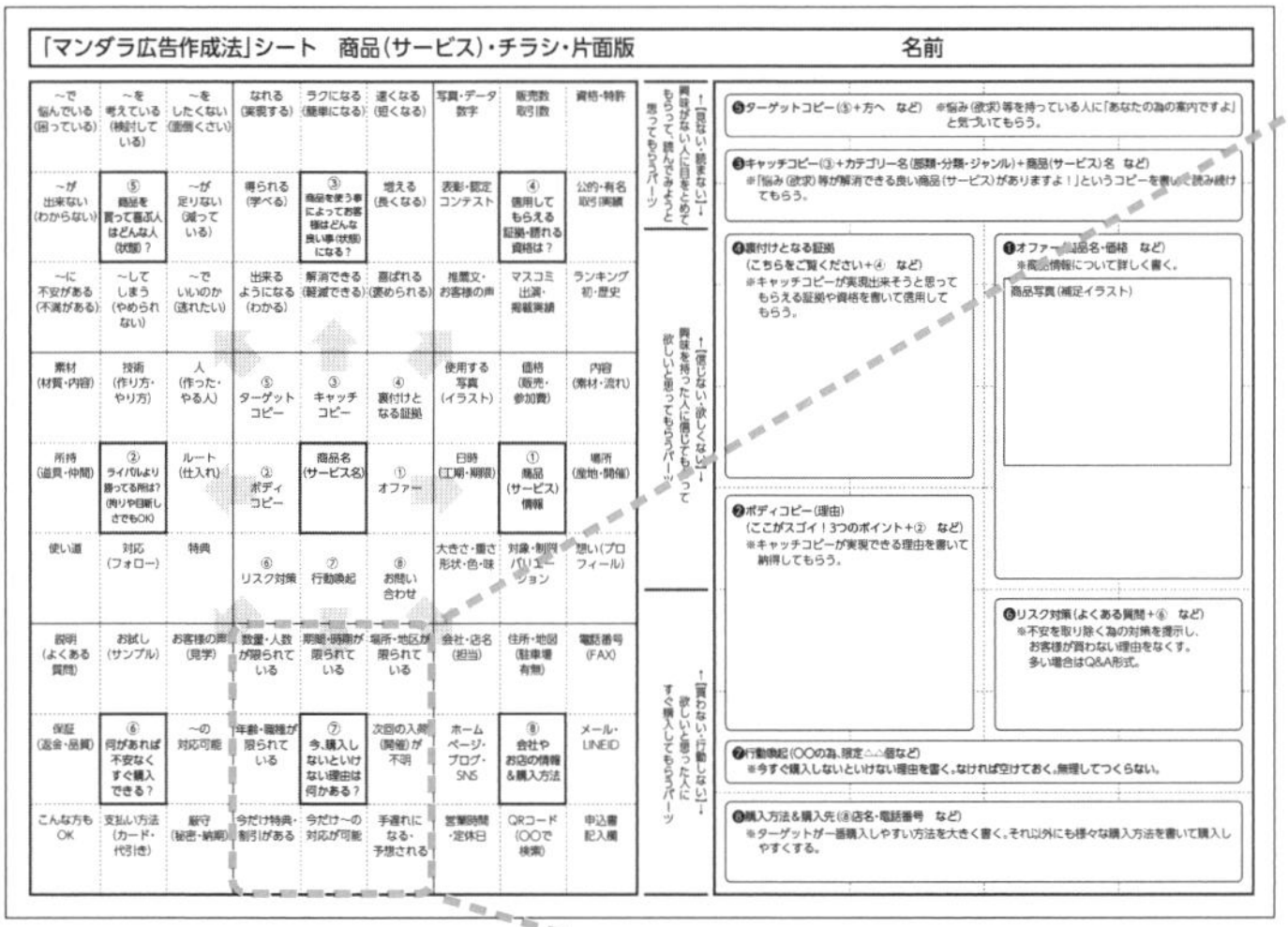

下段中央の「⑦今、購入しないといけない理由は何かある?」には、数量や期間が限られているなど、今すぐ購入しないといけない理由がないかを、書かれているキーワードを参考にして思いついたまま書き出す。
ここは、無理して見つける必要はない。

会社・店名 (担当) 株式会社 ○○○○	住所・地図 (駐車場有無) 長崎市 ○○○○	電話番号 (FAX) 0120- 000-000
ホームページ・ ブログ・SNS https:// www.●●●. co.jp/	⑧ 会社や お店の情報& 購入方法	メール (LINEID) info@ ●●●.co.jp
営業時間・ 定休日 9:00～ 18:00	QRコード (○○で検索) 太陽卵 サプリで検索	申込書 記入欄 (空白)

図3-9 「マンダラ広告作成法シート」の情報&購入方法を記入する

太陽卵卵黄油黒にんにく(8)

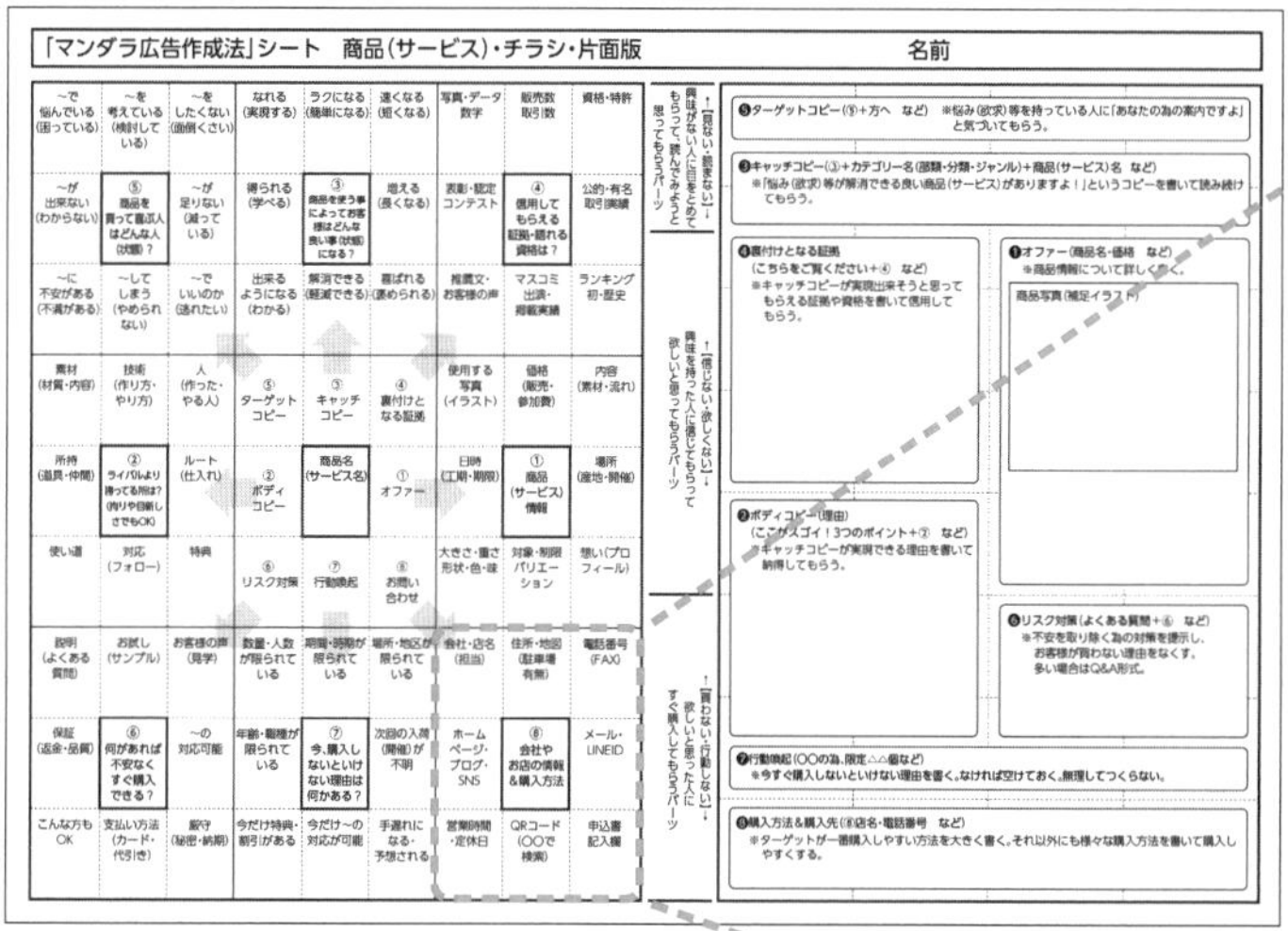
「マンダラ広告作成法」シート　商品(サービス)・チラシ・片面版　名前

～で悩んでいる(困っている)	～を考えている(検討している)	～をしたくない(面倒くさい)	なれる(実現する)	ラクになる(簡単になる)	速くなる(短くなる)	写真・データ数字	販売数取引数	資格・特許
～が出来ない(わからない)	⑤商品を買って喜ぶ人はどんな人(状態)?	～が足りない(減っている)	得られる(学べる)	③商品を使う事によってお客様はどんな良い事(状態)になる?	増える(長くなる)	表彰・認定コンテスト	④信用してもらえる証拠・語れる資格は?	公的・有名取引実績
～に不安がある(不満がある)	～してしまう(やめられない)	～でいいのか(逃れたい)	出来るようになる(わかる)	解消できる(軽減できる)	喜ばれる(褒められる)	推薦文・お客様の声	マスコミ出演・掲載実績	ランキング初・歴史
素材(材質・内容)	技術(作り方・やり方)	人(作った・やる人)	⑤ターゲットコピー	③キャッチコピー	④裏付けとなる証拠	使用する写真(イラスト)	価格(販売・参加費)	内容(素材・流れ)
所持(道具・仲間)	②ライバルより勝ってる所は?(内りや目新しさでもOK)	ルート(仕入れ)	②ボディコピー	商品名(サービス名)	①オファー	日時(工期・期限)	①商品(サービス)情報	場所(産地・開催)
使い道	対応(フォロー)	特典	⑥リスク対策	⑦行動喚起	⑧お問い合わせ	大きさ・重さ形状・色・味	対象・制限バリエーション	想い(プロフィール)
説明(よくある質問)	お試し(サンプル)	お客様の声(見学)	数量・人数が限られている	期間・時期が限られている	場所・地区が限られている	会社・店名(担当)	住所・地図(駐車場有無)	電話番号(FAX)
保証(返金・品質)	⑥何があれば不安なくすぐ購入できる?	～の対応可能	年齢・職種が限られている	⑦今、購入しないといけない理由は何かある?	次回の入荷(開催)が不明	ホームページ・ブログ・SNS	⑧会社やお店の情報&購入方法	メール・LINEID
こんな方もOK	支払い方法(カード・代引き)	厳守(秘密・納期)	今だけ特典・割引がある	今だけ～の対応が可能	手遅れになる・予想される	営業時間・定休日	QRコード(〇〇で検索)	申込書記入欄

↑【見ない・読まない】↓ 興味がない人に目をとめてもらって、読んでみようと思ってもらうパーツ

❺ターゲットコピー(⑤+方へ　など)　※悩み(欲求)等を持っている人に「あなたの為の案内ですよ」と気づいてもらう。

❸キャッチコピー(③+カテゴリー名(部類・分類・ジャンル)+商品(サービス)名　など)
※「悩み(欲求)等が解消できる良い商品(サービス)がありますよ!」というコピーを書いて読み続けてもらう。

↑【信じない・欲しくない】↓ 興味を持った人に信じてもらって欲しいと思ってもらうパーツ

❹裏付けとなる証拠
(こちらをご覧ください+④　など)
※キャッチコピーが実現出来そうと思ってもらえる証拠や資格を書いて信用してもらう。

❶オファー(商品名・価格　など)
※商品情報について詳しく書く。
商品写真(補足イラスト)

❷ボディコピー(理由)
(ここがスゴイ!3つのポイント+②　など)
※キャッチコピーが実現できる理由を書いて納得してもらう。

❻リスク対策(よくある質問+⑥　など)
※不安を取り除く為の対策を提示し、お客様が買わない理由をなくす。多い場合はQ&A形式。

↑【買わない・行動しない】↓ 欲しいと思った人にすぐ購入してもらうパーツ

❼行動喚起(〇〇の為、限定△△個など)
※今すぐ購入しないといけない理由を書く。なければ空けておく。無理してつくらない。

❽購入方法&購入先(⑧店名・電話番号　など)
※ターゲットが一番購入しやすい方法を大きく書く。それ以外にも様々な購入方法を書いて購入しやすくする。

下段右側の「⑧会社やお店の情報&購入方法」には、
購入したいと思ったお客様がどうやって購入すればいいか
わかるように、会社名・住所・ホームページアドレスなどを、
書かれているキーワードを参考にして思いついたまま
書き出す。

「パッケージ写真」「2980円（税込）」「1ヶ月分」「60粒」と、必要な4カ所に○をつけました。

6　下段左側のマス「⑥何があれば不安なくすぐ購入できる？」から、やっておくべきものに○をつけます。

「お試し1000円」と「ご希望日に配達」。2つに○をつけました。

7　下段中央のマス「⑦今、購入しないといけない理由は何かある？」の中からですが、今回はこの要素はなしとします。

8　下段右側のマス「⑧会社やお店の情報&購入方法」で、載せるべきすべてのものに○をつけます。

「会社」「住所」「電話番号」「ホームページ」に○をつけました。

以上、①～⑧まで、○をつけた「発想マンダラ」は図3‐10のようになります。

図3-10 キーワードの中から広告に入れる要素を選択する

太陽卵卵黄油黒にんにく(9)

新マンダラ広告作成シート(商品・チラシ・片面版)

～で悩んでいる(困っている) 寝不足で悩んでいる	～を考えている(検討している) 病院へ行くか検討している	～をしたくない(面倒くさい) 規則正しい生活が面倒くさい	なれる(実現する) 朝、すっきり目覚められる	ラクになる(簡単になる) 身体がラクになる	速くなる(短くなる) 疲れの回復が早くなる	写真・データ数字 睡眠の質が改善された検査データ	販売数取引数 過去の購入者数	資格・特許 (空白)
～が出来ない(わからない) 朝なかなか起きられない	⑤ 商品を買って喜ぶ人はどんな人(状態)?	～が足りない(減っている) 睡眠が足りない	得られる(学べる) 健康が得られる	③ 商品を使う事によってお客様はどんな良い事(状態)になる?	増える(長くなる) 熟睡時間が増える	表彰・認定コンテスト (空白)	④ 信用してもらえる証拠語れる資格は?	公的・有名取引実績 卵は名門洋菓子店で使用
～に不安がある(不満がある) 長生きできるか不安がある	～してしまう(やめられない) 夜更かししてしまう	～でいいのか(逃れたい) 今の生活スタイルでいいのか	出来るようになる(わかる) 早起きが出来るようになる	解消できる(軽減できる) 寝不足が解消できる	喜ばれる(褒められる) 母親に送ると喜ばれる	推薦文・お客様の声 お客様の声3件	マスコミ出演・掲載実績 地元の○○新聞に掲載	ランキング初・歴史 創業70年
素材(材質・内容) 3種類の栄養素が豊富	技術(作り方・やり方) 卵黄油は何時間もかかる	人(作った・やる人) 卵を知り尽くしている人が作っている	⑤ ターゲットコピー	③ キャッチコピー	④ 裏付けとなる証拠	使用する写真(イラスト) パッケージの写真	価格(販売・参加費) 2980円(税込)	内容(素材・流れ) 卵黄油・発酵黒にんにく
所持(道具・仲間) 養鶏場を持っている	② ライバルより勝ってる所は?(拘りや目新しさでもOK)	ルート(仕入れ) 自社の養鶏場	② ボディコピー	商品名(サービス名) 太陽卵サプリ	① オファー	日時(工期・期限) 1ケ月分	① 商品(サービス)情報	場所(産地・開催) 長崎産
使い道 ソフトカプセル(無臭)	対応(フォロー) (空白)	特典 (空白)	⑥ リスク対策	⑦ 行動喚起	⑧ お問い合わせ	大きさ・重さ形状・色・味 60粒	対象・制限・バリエーション まとめ買いセット	想い(プロフィール) 母の健康を願って作った
説明(よくある質問) (空白)	お試し(サンプル) お試し1000円	お客様の声(見学) (空白)	数量・人数が限られている (空白)	期間・時期が限られている (空白)	場所・地区が限られている (空白)	会社・店名(担当) 株式会社○○○○	住所・地図(駐車場有無) 長崎市○○○○	電話番号(FAX) 0120-000-000
保証(返金・品質) 8日以内未開封なら返金OK	⑥ 何があれば不安なくすぐ購入できる?	～の対応可能 ご希望日に配達	年齢・職種が限られている (空白)	⑦ 今、購入しないといけない理由は何かある?	次回の入荷(開催)が不明 (空白)	ホームページブログ・SNS https://www.●●●co.jp/	⑧ 会社やお店の情報&購入方法	メール・LINEID info@●●●co.jp
こんな方もOK 月ごと数を変えたい	支払い方法(カード・代引き) カード払いOK	厳守(秘密・納期) (空白)	今だけ特典・割引がある (空白)	今だけ～の対応が可能 (空白)	手遅れになる・予想される 消費税増税	営業時間・定休日 9:00～18:00	QRコード(○○で検索) 太陽卵サプリで検索	申込書記入欄 (空白)

6 シート右側の「作成マンダラ」を完成させる

○をつけて回答を選択するところまでを終えた**「発想マンダラ」**から、いよいよシートの右側の**「作成マンダラ」**をつくっていきましょう。

基本は転記していくだけですが、より広告へ向けてブラッシュアップするためのポイントを、「作成マンダラ」の上から順番に説明していきます。

（1）ターゲットコピー

「❺その商品（サービス）を購入して喜ぶ人＋方へ」というのが基本です。

何らかの悩み、あるいは欲求を持っている人に対し、「これは、あなたへの案内ですよ」ということに気づいていただきます。今回は「⑤この商品を買って喜ぶ人はどんな人？」から「朝なかなか起きられない」という回答を選びましたから、❺ターゲットコピーは**「朝**

なかなか起きられない方へ」となります（137ページ図3-11参照）。

(2) キャッチコピー

「❸＋カテゴリー名（部類・分類・ジャンル）＋商品名」というのが基本です。お客様には「悩み等を解決する商品（サービス）がありますよ！」というメッセージが伝わるようにします。今回は「③商品を使うことによってお客様はどんなよいことになる？」から、「朝すっきり目覚められる」という回答を選びましたから、❸キャッチコピーは**「朝すっきり目覚められる『太陽卵卵黄油黒にんにく』はいかがですか？」**となります。

(3) 裏付けとなる証拠

「こちらをご覧ください＋④」、あるいは「この実績をご覧ください＋④」というのが基本です。「解決できそうだ」と思ってもらえる証拠や、語れる資格を書きます。

今回は、「④信用してもらえる証拠は？」から「お客様の声3件」を選びましたから、これを当てはめると、❹裏付となる証拠は次のようになります。

「こちらをご覧ください。

【お客様から届いた喜びの声】

・翌朝はすっきり目覚めることができ、体調も良好！　自分でも驚いております！

・朝の目覚めがすっきり。今までぐっすり眠れなかったのが嘘のようです。

・すっきり目覚められるようになりました。もう毎日飲まないといけません。」

（4）ボディコピー

「なぜそうなるかというと＋②」、あるいは「ここがおススメポイント＋②」「ここがスゴイ、ポイント＋②」というのが基本です。

（2）のキャッチコピーや（3）の証拠を、どうしてつくることができるのか、納得してもらう理由を明記します。

今回は、「②ライバルより勝っているところは？」の回答で、「3種類の栄養素が豊富」を選びましたから、❷ボディコピーは、次のようになります。

「ここがスゴイ！　3つのポイント
①ビタミンEが豊富
②ポリフェノールが豊富
③アミノ酸が豊富」

(5) オファー

「①商品情報」の内容から、商品名や価格など、商品情報についての詳しい記述を入れます。今回は、「①商品情報」で「使用する写真：パッケージ」「価格：2980円（税込）」「日時：1ヶ月分」「形状：60粒」の回答を選びましたから、そこから作成した❶オファーは次のようになります。

「**使用する写真：パッケージ写真**
価格：2980円（税込み）
日時：1ヶ月分
形状：60粒」

（6）リスク対策

「○○が不安な方のために△△を用意しました」といった内容の文章を作るのが基本です。多い場合は「Q&A形式」で羅列して書くといいでしょう。

今回は、「⑥何があれば不安なくすぐ購入できる？」から、「お試し1000円」「ご希望日に配達」という2つの回答を選びましたから「よくある質問」とし、「Q&A形式」で説明しました。

【よくある質問】
Q：今飲んでいるのが残っているのですが、なくなるころに送ってもらえますか？
A：はい、できます。お電話の際にご希望日をお伝えください。
Q：本当に効果がでるの？
A：1000円のお試し商品を用意しております。」

（7）行動喚起

「○○のため、限定△△個」「今なら○○などの特典付き」といったのが基本になります。「⑦今、購入しないといけない理由は何がある？」で「消費税増税」に備えるのであれば、「消費税増税後は○○円アップとなります！　お急ぎください！」などの文章が考えられます。ただし、今回はそれを行動喚起の材料とはしませんでしたので空白となります。

（8）購入方法&購入先

「⑧会社やお店の情報&購入方法」の項目。今回は**会社名や住所と電話番号などを入れる**形になります。

（9）内容の調整

（1）～（8）の内容を、「作成マンダラ」のシートに挿入したものが図3－11です。これでチラシのメイン原稿は、ほぼ完成したと言っていいでしょう。さらに原稿をチェックし、以下の点を確認してください。

①漏れがないか？……「発想マンダラ」にある項目の中で、「これを落としてはいけない」という要素がないか確認します。

②わかりにくい言葉がないか？……専門用語など、お客様に伝わりにくい言葉がないか、チェックをします。たとえばビジネス用語や、英語表記、あるいは食品の栄養素など。ビタミンやミネラルなどの記述があれば、その効用を簡単に書いておくといいかもしれません。以上を踏まえて、最終的に出来上がったチラシが図3‐12です。

図3-11 太陽卵卵黄黒にんにくサプリメントの「作成マンダラ」の記入例

左側の「発想マンダラ」を参考に右側の「作成マンダラ」に書き込んでいく。

名前

↑【見ない・読まない】↓
興味がない人に目をとめてもらって、読んでみようと思ってもらうパーツ

❺ターゲットコピー（⑤＋方へ　など）
※悩み（欲求）等を持っている人に「あなたの為の案内ですよ」と気づいてもらう。
朝なかなか起きられない方へ

❸キャッチコピー（③＋カテゴリー名（部類・分類・ジャンル）＋商品（サービス）名　など）
※「悩み（欲求）等が解消できる良い商品（サービス）がありますよ！」というコピーを書いて読み続けてもらう。
朝すっきり目覚められる「太陽卵卵黄油黒にんにく」はいかがですか

↑【信じない・欲しくない】↓
興味を持った人に信じてもらって欲しいと思ってもらうパーツ

❹裏付けとなる証拠
（こちらをご覧ください＋④　など）
※キャッチコピーが実現出来そうと思ってもらえる証拠や資格を書いて信用してもらう。

「お客様から届いた喜びの声」

・翌朝はすっきり目覚めることができ、体調も良好！ 自分でも驚いております！
・朝の目覚めがすっきり。今までぐっすり眠れなかったのが嘘のようです。
・すっきり目覚められるようになりました。もう毎日飲まないといけません。」

❶オファー（商品名・価格　など）
※商品情報について詳しく書く。

商品写真（補足イラスト）

「使用する写真：パッケージ写真
価格：2980円（税込み）
日時：1ヶ月分
形状：60粒」

❷ボディコピー（理由）
（ここがスゴイ！3つのポイント＋②　など）
※キャッチコピーが実現できる理由を書いて納得してもらう。

「ここがスゴイ！3つのポイント
①ビタミンEが豊富
②ポリフェノールが豊富
③アミノ酸が豊富」

❻リスク対策（よくある質問＋⑥　など）
※不安を取り除く為の対策を提示し、お客様が買わない理由をなくす。
多い場合はQ&A形式。

「【よくある質問】
Q：今飲んでいるのが残っているのですが、なくなるころに送ってもらえますか？
A：はい、できます。お電話の際にご希望日をお伝えください。
Q：本当に効果がでるの？
A：1000円のお試し商品を用意しております。」

↑【買わない・行動しない】↓
欲しいと思った人にすぐ購入してもらうパーツ

❼行動喚起（○○の為、限定△△個など）
※今すぐ購入しないといけない理由を書く。なければ空けておく。無理してつくらない。（空白）

❽購入方法＆購入先（⑧店名・電話番号　など）
※ターゲットが一番購入しやすい方法を大きく書く。それ以外にも様々な購入方法を書いて購入しやすくする。
株式会社○○○○　0120-000-000
長崎市○○○○　https://www.●●●.co.jp

※文章の量が多いため、❶と❻のスペースの大きさを変えてあります

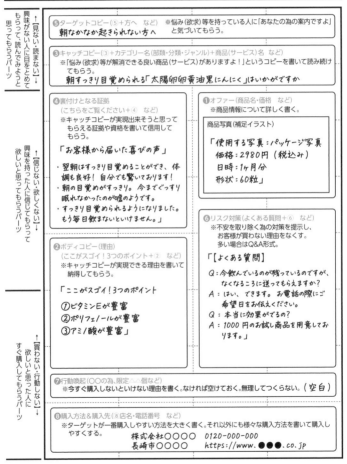

完成版

広告会社やデザイナーに頼んでデザインしてもらったときのイメージ。手書きのラフ案がしっかりつくられていると広告会社やデザイナーもつくりやすく、修正の回数が減って喜ばれる。

図3-12 太陽卵卵黄黒にんにくサプリメントのビフォー&アフターのチラシ

太陽卵卵黄油黒にんにく、チラシビフォー版

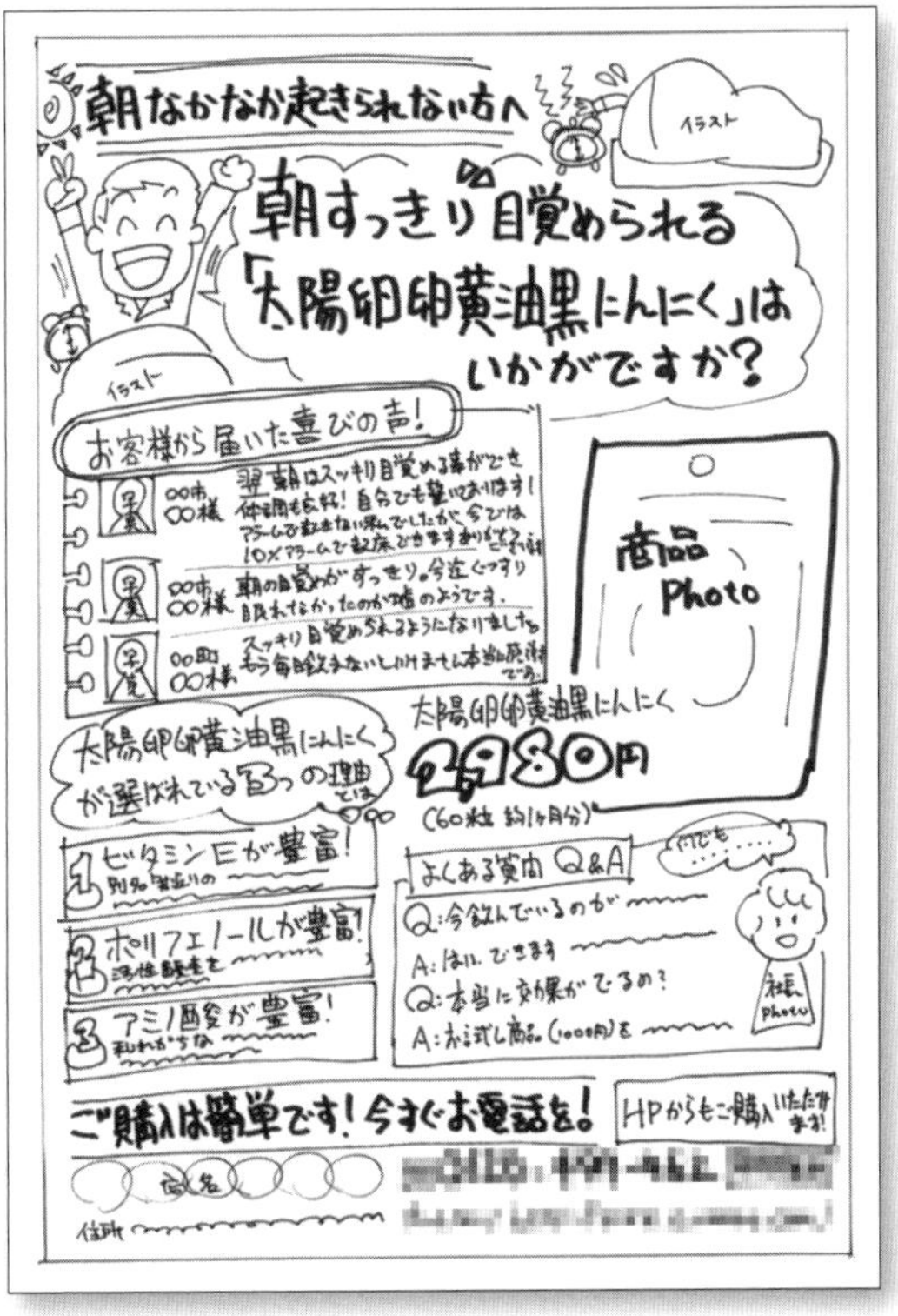

「作成マンダラ」を参考に手書きのラフ案を書いたときのイメージ。イラストを入れたり文字の大きさを変えたりすることで広告をつくる際のイメージが湧きやすくなる。

7 どんな業種でも「マンダラ広告作成法」は実践できる！

別の業種の「マンダラ広告作成法シート」も紹介しておきましょう。

図３－13で紹介するのは、キックボクシングジムの経営者が作成した「マンダラ広告作成法」シートです。

とくにお店が幅広いお客様を相手にしている場合、難しいのは「キャッチコピーを何に絞り込むか」ということでしょう。

図３－13でも、「かっこよく運動不足が解消できる」と、じつは「かっこよく見られたい」と「運動不足を解消したい」という、２つのニーズにまたがったキャッチコピーが作成されています。

ただ、「ターゲットコピー」では「コロナ自粛の運動不足を解消したい40代男性の方へ」というピンポイントのお客様を設定していますので、問題はありません。

あとは、トレーナーの実績や、ターゲットコピー、キャッチコピーに見合った日々のジムの様子がわかる写真をどんどん追加していくだけです。

もちろん、それでうまくいくかはわかりませんが、反応がなかったら、再度新しいキャッチコピーや内容を打ち出すのみ。

スポーツジムやセミナーなど人を集める仕事は、コロナ禍で大打撃を受けた業種です。それを挽回するためにも、チラシをうまくつくって新規のお客様を呼び込み、V字回復の起爆剤にしてほしいと考えています。

マンダラ広告作成法シートの実例

ム　氏名：[redacted]　2021年 5月 27日

【見ない・読まない】→ 興味がない人に目をとめてもらって読んでみようと思ってもらうパーツ

❺ターゲットコピー（⑤＋方へ　など）　※その悩み（欲求）を持っている人に呼び掛けて目をとめてもらう。

コロナ自粛の運動不足を解消したい40代男性の方へ

❸キャッチコピー（③＋カテゴリー名［部類・分類・ジャンル］＋店名［社名］＋があるのをご存知ですか？　など）
※その悩み（欲求）が解決するお店（会社）がある事を伝え、詳しく読んでみようと思ってもらう。

かっこよく運動不足が解消できる
キックボクシング・フィットネスジムがあるのをご存知ですか？

【信じない・欲しくない】→ 興味を持った人に信じてもらって欲しいと思ってもらうパーツ

❹裏付けとなる証拠（お陰様で＋④　など）
※実績や資格を出して、言っている事が本当だと思ってもらう。

キックやパンチをしている写真（40代男性）

❷オファー（当店［当社］は②のお店［会社］です）
※ライバルより勝っている所を書いて良いお店（会社）だと思ってもらう。

当ジムは、ムエタイ本場のタイ人トレーナーや現役のプロ選手がトレーニングを指導！
わかりやすく丁寧に教えると評判のジムです。
【一般男性会員8800円通い放題】

❻ボディコピー（ニュース＋⑥　など）
※おススメ情報を書いて行ってみよう（問い合わせしよう）と思ってもらう

【今ご入会なら】当ジムで使用できる
オリジナル商品券5000円分をプレゼント！
マイグローブ、バンテージ、キックパンツなど
のグッズご購入に使えます。

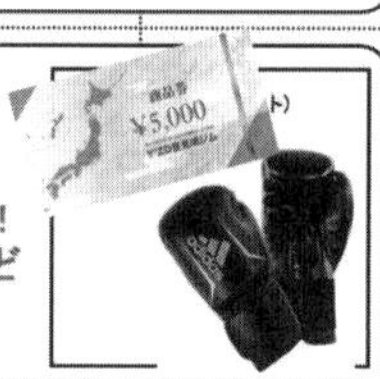

❼行動喚起（限定〇〇個・など）

オリジナル商品券は今月限定です。お早めにご入会ください。

【買わない・行動しない】→ 欲しいと思った人にすぐ購入してもらうパーツ

運動が苦手な方でもOKです。まずは無料体験へお越しください。

❶問い合わせ（住所、電話番号　など）

[redacted]

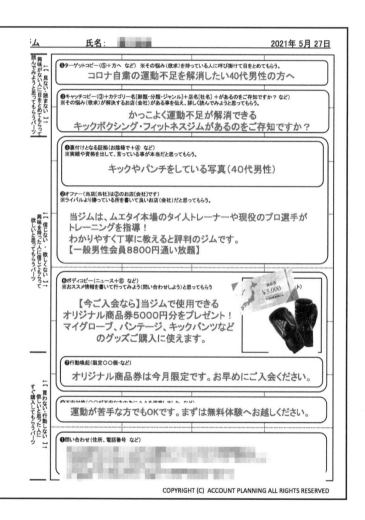

図3-13　キックボクシングジム経営者が記入した

キックボクシングのジム

店名（社名）：　Y' ZD豊見城ジム　　　　業種：　キックボクシングジ

マンダラ広告作成法®（お店［会社］版）

STEP1：キーワードを書き出す。
⇒①~⑧まで順番に参考キーワードを見ながら思いついたキーワードを書き込む。
STEP2：メインで伝えたいモノを選択する。
⇒②③④⑤⑥⑦⑥⑧①の順番で一番載せたいものに○を付ける。
STEP3：補足で伝えたいモノを選択する。
⇒②③④⑤⑥⑦⑥⑧①の順番で補足で入れたほうが伝わるものに△を付ける。
STEP4：一貫性を意識しながら広告を作る。
⇒一貫性を意識しながら❺❸❹❷❻❼❽❶と文書を作っていく
STEP5：最終チェック。
⇒わかりにくい言葉や内容がないかチェックする。

~で悩んでいる（困っている） コロナ自粛で太ってきて悩んでいる40代男性	~を考えている（検討している） コロナ自粛の運動不足を解消したい40代男性	~をしたくない（面倒くさい） ×	なれる（実現する） かっこよく運動不足が解消できる	ラクになる（簡単になる） スッキリする	速くなる（短くなる） ×	写真 お客様がキックやパンチをしている写真	販売数・データ 現在の会員数240人（沖縄県でダントツ）	資格・特許 ×
~が出来ない（わからない） 一人ではトレーニングが続かない20代女性	⑤ このお店（会社）に来て喜ぶ人はどんな人（状態）？	~が足りない（減っている） ×	得られる（学べる） キックボクシングムエタイテクニックが学べる	③ お店に行く（会社に頼む）とどんな良い事（状態）に？	増える（長くなる） ×	表彰・認定・ランキング ×	④ 信用してもらえる実績・語れる資格は？	公的・著名なお客様 ×
~に不安がある（不満がある） 大きなジム（施設）では人が多いので不安の40代女性	~してしまう（やめられない） ×	~でいいのか（逃れたい） ×	出来るようになる（わかる） キックボクシングムエタイの技術が身につく	解消できる（軽減できる） ストレス発散できる	喜ばれる（褒められる） 痩せたねと褒められる	推薦文・お客様の声 お客様の声「A4」アンケート	マスコミ出演・掲載実績 ラジオ取材 新聞掲載 市長表敬訪問（新聞）	歴史・初ボランティア 創業10周年（2021年6月）
お得（値引き・特典） オリジナル商品券5000円分プレゼント	イベント（フェア） ×	入荷 ×	⑤ ターゲットコピー	③ キャッチコピー	④ 裏付けとなる証拠	価格（特典） 男性会員8800円	品質 怖くない雰囲気づくりを徹底	品数 ×
始めた ×	⑥ 今回広告で特に伝えたい事は？	変化 コロナ対策 業務用エアコン プラズマクラスター常時稼働	② ボディコピー（おススメ情報）	店名（社名） キックボクシングフィットネス Y' ZD豊見城ジム	① オファー（強み）	専門性 ムエタイ本場タイ人がトレーニング指導（現役プロ選手）	② ライバルより勝ってる所は？（拘りや目新しさでもOK）	対応 老若男女へ本場の技術を楽しく指導
知識 定期的な運動で免疫力アップ	状況 密集を避けるため時短営業せず通常営業	できる 予約なしでいつ来ても何度でもトレーニングできる	⑦ リスク対策	⑥ 行動喚起	⑧ 問合せ（店舗情報）	人 タイ人トレーナー2名 女性トレーナー1名	スピード ×	所持 格闘技エクササイズKICK OUT開催ジム
説明（よくある質問） HPによくある質問を記載	お試し 無料体験	保証（返金・年数） 30日以内全額返金保証	数量・人数が限られている ×	期間・時期が限られている オリジナル商品券は今月のみ	場所・地域が限られている ×	カテゴリ＋店名 キックボクシングフィットネスジム	お店・人の写真 トレーナー スタッフ 代表者の写真	住所・地図（駐車場） 沖縄県豊見城市上田525-10 駐車場完備
~の対応可能 ×	⑧ 何があれば不安なく来店（問い合わせ）できる？	こんな方もOK 運動が苦手な方しばらく運動していない方もOK	年齢・職業が限られている ×	⑦ 今すぐ来店（問い合わせ）しないといけない理由は？	次回の入荷（開催）が不明 ×	電話番号（FAX番号） TEL.098-850-8858	① お店（会社）概要	営業時間・定休日 月-金10時~23時 土曜10時~21時 定休日　日・祝日
支払い方法（カード・代引き） クレジットカード 口座振替	約束（納期） ×	~がある ×	今だけ特典・割引がある ×	今だけ~の対応がある ×	予想される ×	ホームページ（○○で検索） 「豊見城キックボクシング」で検索 QRコード	SNS Facebook インスタグラム	挨拶・想い 格闘技ジムに敷居を感じてる方へ楽しさを伝える

※⑦はなければそのまま空けておく。無理して作らなくてもいい。

8 なぜ、マンダラで効果的なチラシはつくれるのか？

「マンダラ広告作成法」については、これで一通りのやり方を理解していただけたのではないでしょうか。

あとは添付のフォーマットをコピーして書きこんでいけば「A4」1枚チラシの原案が作成できるでしょう。

ここで少し、なぜ「マンダラ広告作成法シート」をデータではなく紙の形としたのかを科学的な面から、補足しておきます。

「マンダラ広告作成法シート」は、パソコンを使ってパワーポイントなどのフォーマットに打ち込んでいくのではなく、コピーなどをとった紙面に、**鉛筆やボールペンで手書きで文字を記入していくことを推奨**しています。

理由は「手を動かして文字を記入していったほうが、脳の機能が活性化する」というデータがあるからです。

このことについてはいくつか検証結果がありますが、最近のものでは２０１４年に、プリンストン大学のパム・Ａ・ミューラーと、ＵＣＬＡのダニエル・Ｍ・オッペンハイマーによって行なわれた研究が知られています。

２人が検証したのは、講義のメモを手書きで取る学生とパソコンで取る学生、どちらが高い学習成果を出すかというもの。結論をいえば、「手書きでノートを取る学生」のほうが、「パソコンでノートを取る学生」よりもよい成績を上げ、記憶が長時間もっただけでなく、新しいアイデアを出すことでも好成績を上げたとのことです。

パソコンを使うと何も考えず機械的にメモを取る傾向が出て、知識の吸収も妨げられるとのことでした。

手書きで文字を書くときの脳の活動を電気的に調べると、やはりパソコンを操作するときよりも、脳の前頭前野が活発に働いていることが知られています。

やはり「マンダラ広告作成法」も、質問に回答しながら同時にアイデアを出していく作業ですから、機械的に入力するパソコンよりも、筆記用具を使ったほうが効果は高いはずです。

それに加え、ここには**「ザイガニック効果」**という現象も起こっています。

どういうものかといえば、**「人は空白があるものを見ると、それを何とか完成しようと思考を働かせる」**というもの。だからクロスワードパズルなども、見れば私たちは、完成させたくて仕方がなくなるわけです。

この点で、たとえば「マインドマップ」のように自由にアイデアを絵に描く手法もありますが、慣れていない方は広告の作成には向きません。

なぜなら自由にいくらでも発想ができると、かえって思考は際限なく広がり、まとまりがなくなってしまうのです。

「マンダラ広告作成法」は、最初から削ぎ落とした枠にはめ、アイデア数も制限しますから、誰でも短時間で発想をひねりだせるのです。

9 定番のキャッチコピーなんて気にしなくていい

広告というと、「インパクトのあるキャッチコピーをつけないといけないのではないか」と考える人がいます。

確かに世の中にはインパクトのあるキャッチコピーばかりを集めた「コピー集」もありますが、「マンダラ広告作成法」を学ぶ人は、そういう定型句を気にしなくていいのではと私は思っています。

確かに優れたクリエイターであれば、キャッチコピー集をうまく使いこなせるのかもしれません。

しかし何も広告知識を持っていない人の場合、「お客様の目を引こう」といった気持ちで慣れない言葉を使うので、かえって白々しくなります。

それよりは**自分自身の素直な言葉で、コピーを作成したほうがいい**でしょう。

私がコピー集にあるような文句をすすめない理由には、期待値の問題もあります。

ムリに期待値を上げずに、「ありのまま」を宣伝材料にする

たとえば「極上」という言葉を使ったほうがいいとコピー集に書いてあったから、「極上のシュークリーム」という名でシュークリームを打ち出したとしましょう。１００点満点で考えるなら「極上のシュークリーム」だと、少なくとも90点以上のクオリティは期待されます。そうすると商品がただ美味しいだけでは、「普通」という評価になり、ヒットには結びつかないばかりか、「極上というほどではない」とクレームになる可能性も出てくるでしょう。

これがたとえば「岡本さんちのおばあちゃんのシュークリーム」だとしたら、お客様の側は期待値を上げていいか、下げていいかわかりません。ただ、他にない独自の商品なんだなということは想像します。

それで食べてみて70点くらいの評価であれば、「素朴でいいかも」といった形で、評判が上がっていくのです。

世の中にはこんなふうに、「いい意味で期待を裏切ったこと」が大ヒットにつながった例が多くあります。

低予算で始まりながら人気シリーズになった『スター・ウォーズ』であったり、試しに食べてみたら美味しかった「サバ缶」だったりと、あげていけばキリがありません。

「Ａ４」１枚チラシの場合、多くの方がブランド力を持っているわけでなく、ゲリラ戦のような販売戦略を余儀なくされるでしょう。

だとしたら、ムリに期待値を上げずに、「ありのまま」を宣伝材料にしていけばいいのではないでしょうか。

10 「マンダラ広告作成法」を採用することで、経営難からV字回復し黒字になった！

本章の最後に、実際に「マンダラ広告作成法」を採用することによって、チラシの成果がどれほど変わるのかを示す例を紹介しましょう。

「経営難からV字回復し黒字になった！」という例です。

静岡で創業40年を超える建設会社ですが、もともとは公共事業の下請けを中心に行なっていました。

ところがその公共事業が少なくなるとともに、1人で営業・受注・現場管理をしていた社長が急逝されたのです。経営は先代の奥様が受け継ぎ、娘さんと職人さんとでなんとか水廻りのリフォームを中心とした事業で経営を持続させようとします。

しかし新規の顧客がなかなか獲得できず、途端に危機を迎えてしまったのです。

そのとき自分たちで作成したチラシが図3－14の「ビフォー」のものです。チラシからのお問い合わせは以前からのお客様の1件しかありませんでした。

図 3-14 建設会社が作成していたチラシ（ビフォー）

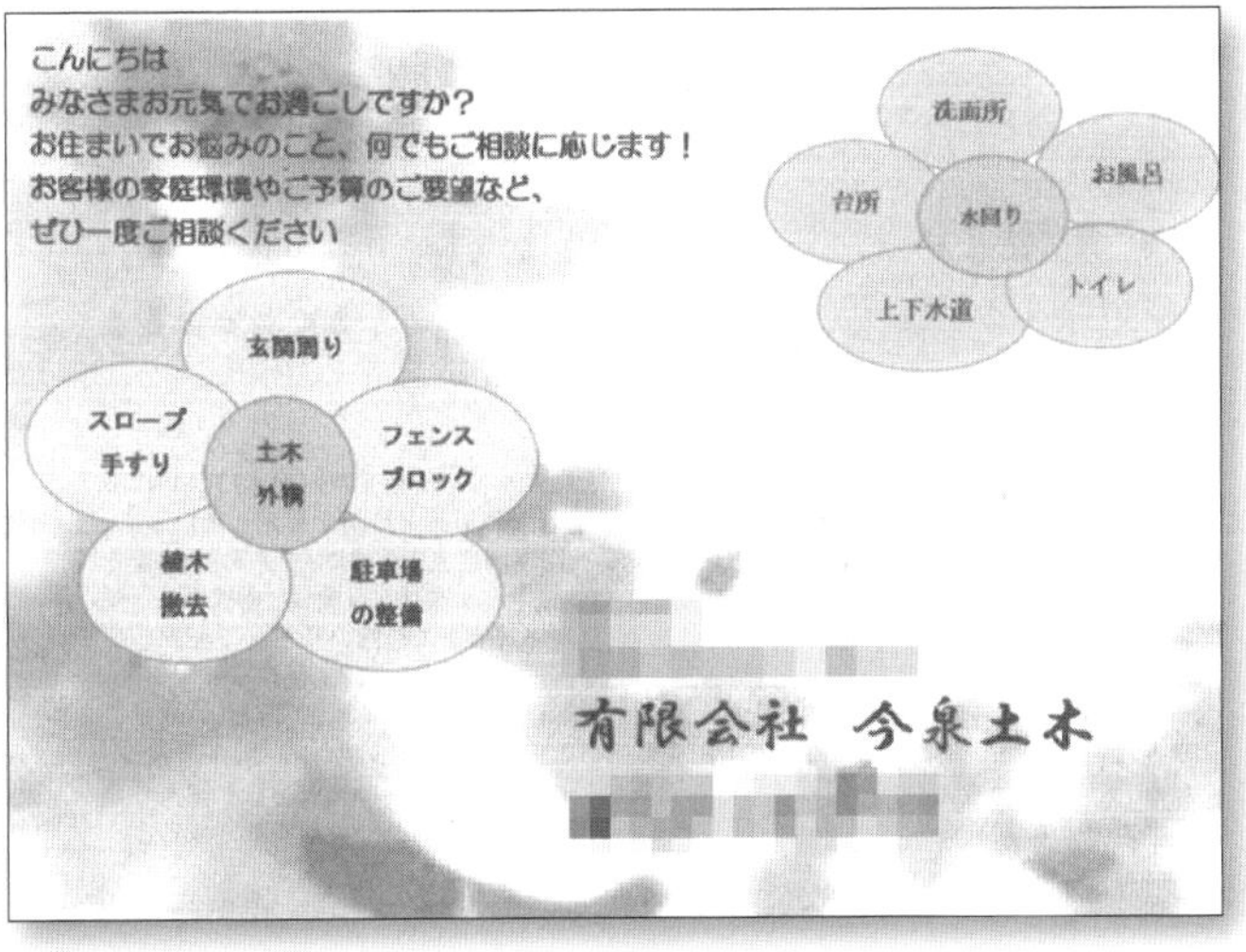

時間のあるときに自分たちで
ポスティングしたがチラシからのお問い合わせは
以前からのお客様1件しかなかった。

これを改善したのが、図3－15の「アフター」のものです。

写真などを入れたので、印象は一転していますが、「トイレ」「お風呂」などの水回り、「玄関」「駐車場」のリフォームと、「マンダラ広告作成法」の**「その商品（サービス）がライバルに勝っているのは、どんな点ですか？」**で出てきた部分を明確に打ち出したことが大きなポイントです。

40年の実績を持ち、完全自社施工ができる技術を持っているのですから、そこをわかりやすく表現しないことがそもそも間違っていました。

チラシ1万5000枚を撒いた結果、決算は前年比3割増に

また、もう1つポイントになったのは、「女性目線」を前面に出したことです。

チラシでは表面の最初にある「5つの特徴」の5番目で、すでに「女性目線を大切にします！」ということをうたっているのですが、裏面の最後にも「ままサロン好評開催中！」の案内があります。

この「ままサロン」は、案内にあるように営業担当で子育て中の社長の娘さんが中心となって企画したものです。社長が女性であることから、実現が可能になったことが想定さ

図3-15 建設会社が「マンダラ広告作成法シート」で作成したチラシ（アフター）

成功事例

15,000枚を新聞折り込みに。
リフォームのお問い合わせ20件
うち16件受注（すべて新規）
年間売上は、前年比130%
V字回復により見事黒字化！

れます。

「水廻りのリフォーム」といえば、トイレやお風呂、またキッチンなどが対象になります。普段そこを使用し、掃除などもしていることから、決定権は主人ではなく、主婦たちが担っていることがほとんどでしょう。

ところがリフォームは男性中心の建設会社が担う関係上、主婦たちは自分たちの意見が無視されないか、つねに不安になります。

まさに「何があれば不安なく、すぐに購入していただけますか？」という「発想マンダラ」での問いかけの結果、女性が経営している会社だからこそ、この部分をチラシに挿入するアイデアが出てきたわけです。

ちなみにチラシを撒いたあとは女性のお客様からの問い合わせを多くいただき、**1万5000枚で、問い合わせ20件、うち16件を受注。9ヶ月間で前年の売上を大幅に超えました。**

その年の決算は前年比3割増で、社長さんは従業員に臨時ボーナスを出せたと喜んでいました。

リフォームは、価格の安さで勝負するところが多くあります。結果、工事はとれるけれども利益が出ないという所が多いです。

けれどもこの会社は、女性の意見を多く取り入れることで、お客様とのコミュニティをつくり、会社のファンを増やしていくことを考えているのです。その方向性は、これから大いに期待できるものでしょう。

第4章

「マンダラ広告作成法」をやった後、どうするか？

1 「A4」1枚チラシ配布後の2つの流れ

「マンダラ広告作成法」でチラシをつくり終え、さまざまなやり方で、そのチラシをお客様に届けたとしましょう。

あとは成功するか、失敗するか、運次第というわけではありません。

チラシを撒いた結果がどうあれ、それを踏まえて次の広告戦略を打っていくのが、ビジネスを成功させるために重要なことです。

「A4」1枚チラシ配布後は、その成果によって、以後の流れは次の2パターンのどちらかになります。

(1)「マンダラ広告作成法」でチラシ作成↓ポスティング・配布↓反応がない【失敗】

↓再度、「マンダラ広告作成法」でチラシ作成（いい反応が出るまで繰り返し）

（2）「マンダラ広告作成法」でチラシ作成↓ポスティング・配布↓反応があった［成功］

↓「Ａ４」１枚アンケートを取ってチラシ作成（以下、「Ａ４」１枚アンケートを利用しながらチラシを改良していく流れへ）

「マンダラ広告作成法」は、あくまで予測であり、お客様がいらしていただけたなら、それからは直接お客様に聞けばいいわけです。そのほうがお客様の要望にフィットするチラシになる可能性は高いでしょう。

ただ、お客様自体を得られなければ、いつまでもアンケートを取ることができません。

ですから「『マンダラ広告作成法』でチラシをある程度成功させ、さらなる成功へ飛躍するために『Ａ４』１枚アンケートを利用する」というのが、今後あなたが目指すべきルートになるわけです。

では、どれくらいの反応をもって、撒いたチラシが成功したか、失敗したかを判断するべきでしょうか？

実をいうと、チラシに関していえば「何人からの反応があったか」を目安にしても仕方がない部分があります。

というのも、1人のお客様を得ることによって、どれくらいの利益を得ることができるかは事業によって異なるわけです。新築住宅や大きなリフォームであれば、1件でもお客様と成約すれば大成功です。

一方で料理店や小売店などであれば、継続的にある程度のお客様が来てくれなければ、利益にはなりません。

チラシにとって大切なのは、**反響に一喜一憂するのではなく、「お客様への認知を上げ続ける」と考えること**です。

だから反応がなかったからやめる、反応があったら行なうのでなく、つねに広告費として予算をプールしておくということです。

売上の3~5パーセントを広告費として計算しておく

かつて私が自動車ディーラーの販促に携わっていたときは、1台の自動車を売るために、4万5000円の広告宣伝費を使うことが目安になっていました。

10台を売る計画であれば、広告費が45万円。その会社の最もポピュラーなコンパクトカーが150万円くらいですから、売上の3~5パーセントくらいを広告費とする計算になります。

つまり1億円の売上をつくりたいのであれば、５００万円ぐらいは広告宣伝費にかけるくらいの気持ちが必要になるわけです。売上１０００万円だとしたら50万円。それを12で割ったら月に約４万円。

成功か失敗かに関係なく、「広告にどれだけのお金をかけるか」は、固定費として考えていけばいいことになります。

2 お客様の意見を取り入れてマンダラを進化させる

チラシの作成を、「マンダラ広告作成法」から「アンケート」に切り替えていくのは、どんなタイミングで考えればいいでしょう？

正確な情報を集めるためには、もちろん大勢のお客様からアンケートを取るにこしたことはありません。できれば100枚くらいのアンケートを集め、それをもとに広告をつくったほうがいいでしょう。

しかし正直な話、**10人くらいのお客様が同じことを言っていれば、その意見はかなりの確率で当たっています。**

1人とか2人では、「たまたまその人がレアケースだった」ということもあるのですが、どんなことに惹かれてお客様が集まっているのかというポイントは、多くの人で共通しているわけです。

だとしたらお客様が徐々に増えている過程でアンケートを取っていき、だんだんとチラシにもこれを反映させていけばいいのです。「マンダラ広告作成法」はあくまで予測なので、その予測の裏付けとしても、実際のお客様からの意見が少しでもあれば反映させるべきです。

原則は100人以上のお客様を確保し、アンケートを広告に反映させる流れにするのがベストです。

しかし、それ以下の少ないお客様からも意見はしっかりとお聞きし、反映させるようにしてください。

お客様からの意見を取り入れ、「マンダラ広告作成法」でチラシを作成し、集客に成功した例を紹介しましょう。愛知県で分譲マンションを販売している工務店の例です。

この工務店が販売しているのは、いわゆる低価格なコンパクトマンションです。地主さんから50年間の定期借地権で土地を借り、3階建の分譲マンションを建設します。

通常、この種のマンションは、土地代が不要なぶん、専有面積を広くしたり、設備をグレードアップしたりして、豪華なマンションにする場合が多いようです。

これに対してこの会社はコストを下げた健康マンションを建設し、地主さんに1戸のオーナーになってもらいます。定期借地権は、賃貸アパートと違い無借金で土地活用を出来ることが魅力ですが、土地代しか収入がないので地主さんにとって儲けが少ないことが弱点でした。しかし、このやり方は地主さんがオーナーになることで、土地代にプラス家賃収入も得られるので、定期借地権だけより儲かる土地活用になるわけです。

しかしその仕組みがなかなか理解されず、土地を供給してくれる地主さんを探すのに苦労していました。

地主さんに理解していただくため、この会社では定期的にセミナーを開催していたのですが、その際に地主さんに郵送していたチラシが図４－１です。

このチラシによる集客を1年間続けたのですが、思うように成果が出ません。

そこでこの工務店は「Ａ４」１枚アンケートから広告をつくる方法の説明をアドバイザーから受けたのですが、次のセミナーの開催が迫っており、アンケートを取る時間がありません。

ですから地主さんに言われたことを参考に、「マンダラ広告作成法」でチラシをつくることにしたのです。

図4-1 土地活用をしたい地主を募集する工務店のビフォーチラシ

地主募集のチラシ

ビフォー 表、裏

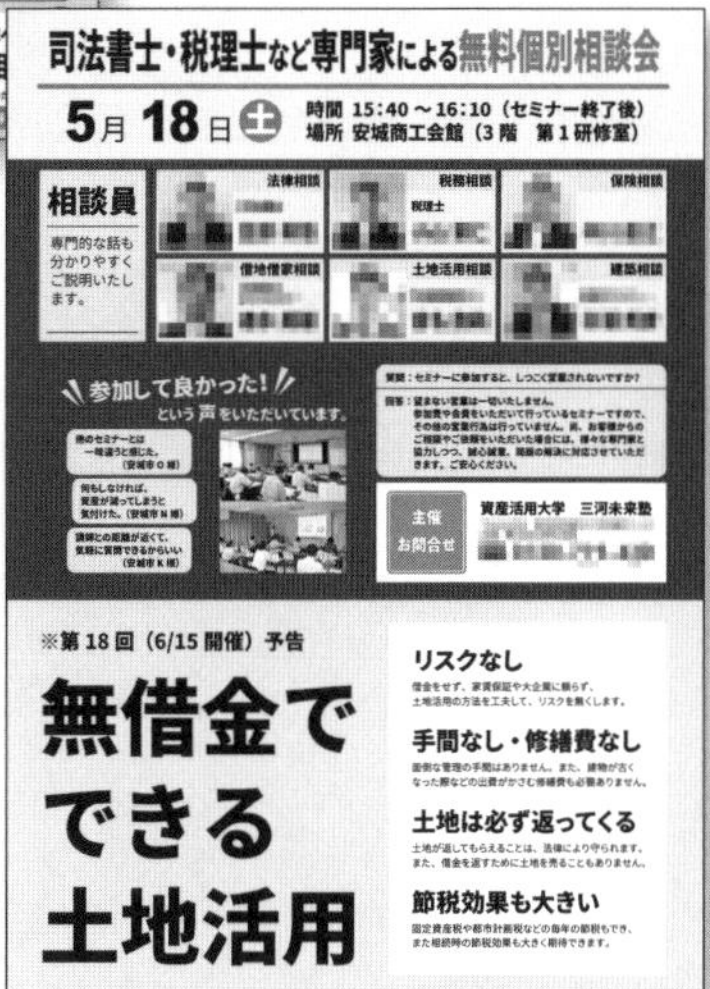

セミナーの内容だけが書かれたチラシ。必要最低限の情報が書かれているだけで、既に建てた地主さんの声などは反映されていない。

3 地主募集を成功に導いた「地主さんの声」

「マンダラ広告作成法」でつくったチラシが図4－2です。とくに地主さんたちの声を反映させたのは、裏面にある「地主さんの声」の部分です。

「アパート建設に断固反対の父親も無借金で出来る土地活用の提案は、即ＯＫでした」

「分譲マンションをつくりたいので土地を貸してくれと言われ、マンション1戸くれるというので不思議に思いましたが、詳しく話を聞いてみると、とても合理的な考え方で驚きました」

「収益性の高いスターターマンションでの土地活用をやりましたが、やってよくわかったことは賃貸マンション事業と違い出ていくお金が少ない。逆に賃貸マンション事業は収入は多いが返済も大変」

これらの言葉は、社長さん自身が「マンダラ広告作成法」の時点で、「裏付けとなる証拠として地主さんの声をきちんと反映させよう」と考えた結果、挿入されたものです。

図4-2 土地活用をしたい地主を募集する工務店のアフターチラシ

地主募集のチラシ

アフター 表、裏

既に建てられた地主さんの声などが、ふんだんに反映されたチラシ。文字が小さくて読みにくいにもかかわらず、隅から隅まで読んで参加してくれた真剣な地主さんが集まった。

そうして出来上がったチラシは、折り込みで3万枚×2回。DMで600通が配布されました。結果、折り込みから新規の地主さんが3組、DMで新規の地主さんが2組。他に再来場の地主さん1組の、合計6組を獲得することができました。これから新規に建設できる6つのマンションと考えれば、非常に大きな成果でしょう。

成功要因として、「『マンダラ広告作成法』を使うことにより、定期借地権だから無借金でできる土地活用という言葉だけでなく、お客様の声を使ってわかりやすく打ち出せたことが大きかった」と、社長さんは分析しています。

他にも勉強会に参加するメリットを詳しく書いたり、参加への不安を取りのぞくためによくある質問の内容を詳しく書きました。

文字が多くなっても詳しく説明したことが、新しいお客様を獲得するポイントとなりました。

まさに自分の頭だけで考えず、「マンダラ広告作成法」で考えたことが、このチラシを成功させる要因となったのです。

4 「マンダラ広告作成法」の次のステップ、「A4」1枚アンケートで聞くべきこと

「マンダラ広告作成法」は、あくまでもお客様がいない状態の新商品やサービス、新規事業を軌道に乗せるツールです。**しばらくしてお客様がいる状態になったら、「A4」1枚アンケート主体の戦略を組み立てていくべき**です。

では、あらためてアンケートではお客様に、一体何を聞くべきでしょうか？

アンケートについての詳細は、拙著『あらゆる販促を成功させる「A4」1枚アンケート実践バイブル』（ダイヤモンド社）で説明しました。

「マンダラ広告作成法」で一定の成果を収めた方は、こちらの本を活用してより事業を発展させていただきたいのですが、どんなものなのか、ここで少しだけエッセンスを紹介しておきましょう。

アンケートは簡単なもので、基本、次の5項目をお客様に聞くだけで完結します。

【アンケートの5項目】

Q1「商品を買う前に、どんなことで悩んでいましたか？」（第1段階：欲求発生）

Q2「何で、この商品を知りましたか？」（第2段階：情報収集）

Q3「（商品名）を知ってすぐに購入しましたか？　もし購入しなかったとしたら、どんなことが不安になりましたか？」（第3段階：購入不安）

Q4「いろいろな商品がある中で、何が決め手となってこの商品を購入しましたか？」（第4段階：購入実行）

Q5「実際に使ってみていかがですか？」（第5段階：購入評価）

このアンケートは、そのまま次の「チラシ・DM・ホームページ基本コンセプトシート」に当てはめることができます（図4－3）。

「チラシ・DM・ホームページ基本コンセプトシート」

（②強みを伝えるのに使う利用媒体／Q2の回答）

「（①悩み／Q1の回答）を持っていませんか？」

あなたと同じように（①悩み／Q1の回答）を持っていた人が、この商品（サービス）

図4-3 **「チラシ・DM・ホームページ 基本コンセプトシート」**

「チラシ・DM・ホームページ
基本コンセプトシート」

（　Q2　）


「（　Q1　）を持っていませんか？」

あなたと同じように（　Q1　）を持っていた人が、この商品（サービス）を購入して、
今では（　Q5　）と思っています。

この商品は（　Q4　）がお勧めです。

とはいっても、（　Q3　）が不安ですよね。

そこで当社（当店）では、〇〇〇という特典や対策を用意しました。


を購入して、今では**（⑤感想／Q5の回答）**と思っています。

この商品は**（④決め手／Q4の回答）**がおすすめです。

とはいっても、**（③すぐに買わなかった理由／Q3の回答）**が不安ですよね。

そこで当社では、〇〇〇という特典を用意しました。

まずは、お問い合わせください。

5 「アンケート」からどのように広告をつくっていくか？

具体的にどんなふうに「チラシ・DM・ホームページ基本コンセプトシート」が出来上がっていくのか、初めてこのノウハウを知った方のために例を紹介しておきましょう。前章で「マンダラ広告作成法」の解説に使用した、「太陽卵卵黄油黒にんにく」で説明します。

Q1「『太陽卵卵黄油黒にんにく』を購入する前、どんなことで悩んでいましたか？」（第1段階：欲求発生）

（朝起きられない）

・朝起きられない。
・朝の目覚めがすっきりしない。
・仕事と家事の両立で忙しく朝早く起きられない。
・朝なかなか起きられない。

・忙しく常に寝不足ぎみ。朝起きるのがしんどい。
（倦怠感）
・年齢から来ると思われる倦怠感。
（免疫力の衰え）
・免疫力の衰え。
（血管が詰まりやすくなる心配）
・血液がドロドロになると血管がつまりやすくなると聞いたので心配。
（生理痛）
・生理痛がひどかった。
（生活習慣病）
・生活習慣病の予防。

それぞれのアンケートを共通するキーワードでまとめます。そのキーワードが（　）で記しているものです。わかりやすく10人分のアンケートで説明しています。

Q2「『太陽卵卵黄油黒にんにく』をどうやって（何で）知りましたか？」（第2段階：情報収集）

（ポスティングチラシ）

・ポストに入っていたチラシです。

・ポストにチラシが入っていました。

・チラシ。

・チラシがポストに入っていた。

（知人）

・近所の方から飲んでみて……と言っていただきました。

・友人の紹介。

（会社のホームページ）

・黒にんにくと黒酢以外で何かないかな？　と思い、ホームページを細かく時間をかけ調べていった結果、御社にたどりつきました。

・御社のサイト。

（他の人のブログ）

・仕事で知り合った方のブログで紹介されていたのを拝見したのが最初のきっかけで

す。

・新聞広告。

（新聞広告）

Q3「『太陽卵卵黄油黒にんにく』を知ってすぐに購入しましたか？　購入しなかった方はどんな不安があって購入を躊躇《ちゅうちょ》しましたか？」（第3段階：購入不安）

・はい、ここしかない！　と思いました。

・はい。

・はい。

・はい。試す気持ちで購入。

・はい。

・はい。

・商品の素晴らしさ、こだわりはブログから伝わってくるので不安などは全くありませんでした。

・はい。

（不安なし）

（別の商品が手元にあった）

・すぐには購入しませんでした。というのも、そのときは別の発酵黒ニンニクが手元にあったからです。

（本当に効果が出るのか）

・本当に効果が出るかどうか不安ですぐには購入しませんでした。

Q4「他にもさまざまなサプリメントがある中で、何が決め手となって『太陽卵卵黄油黒にんにく』の購入を決意しましたか？」（第4段階：購入実行）

（ビタミンEが多い）

・他のにんにく卵黄よりビタミンEが多い。

・ビタミンEが豊富。

・ビタミンEが多かったので。

（ポリフェノールが多い）

・ポリフェノールが多い。

・ポリフェノールがたくさん入っている。

（アミノ酸が豊富）

・アミノ酸が豊富に入っているとと書いてあったので。
(飲んだら疲れが取れた)
・近所の方からもらったのを飲んだら疲れが取れたので。
(3つのすばらしさが1つ)
・太陽卵／卵黄油／黒にんにく　この3つのすばらしさがひとつになったという点です。
(「睡眠時間平均4時間のママが翌朝すっきりした目覚め！」のコピー)
・広告に掲載されていた「睡眠時間平均4時間のママが翌朝すっきりした目覚め！」のコピー。
(信頼がおける)
・ホームページを見てみたら内容が詳細で信頼がおけると思いました。

Q5「『太陽卵卵黄油黒にんにく』を飲んでみていかがですか？」（第5段階：購入評価）

(目覚めがよくなった)
・朝はスッキリ目覚めることができ、体調も良好！　自分でも驚いております！　アラームで起ききない私でしたが、今では100％アラームで起床できます。ありがとうございます！
・朝の目覚めがすっきり。いままでぐっすり眠れなかったのが嘘のようです。
・おかげさまで、毎日4時に起きられるようになりました。
・スッキリ目覚められるようになりました。もう毎日飲まないといけません。本当に感謝です。
・目覚めがよいです。
（体調がよくなった）
・まちがいなく体調はよくなって来ており、おかげ様で気分も前向きになってきています。
・快調です。
・使用してから体調は安定しているように思います。1袋飲みきったあと、しばらく飲まなかったら体調が悪くなり、これはもしかしてサプリのおかげかなと思いあわてて再度購入しました。
・体調がよくなったように思います。
（生理痛が緩和）
・ひどかった生理痛が緩和されたような気がします。

これらのアンケートは、次のように整理されます。

①Q2の回答の中で、一番多かった回答（媒体・ルート）は何か？

（ポスティングチラシ）

・ポストに入っていたチラシです。
・ポストにチラシが入っていました。
・チラシ。
・チラシがポストに入っていた。

②Q1の回答の中で、一番多かった回答（悩み・欲求）は何か？

（朝起きられない）

・朝起きられない。
・朝の目覚めがすっきりしない。
・仕事と家事の両立で忙しく朝早く起きられない。
・朝なかなか起きられない。

・忙しく常に寝不足ぎみ。朝起きるのがしんどい。

③Q１の悩みが解消されたものとして、リアルな感想を3つ、Q5から選ぶ

・朝はスッキリ目覚めることができ、体調も良好！　自分でも驚いております！　アラームで起きない私でしたが、今では１００％アラームで起床できます。ありがとうございます！

・朝の目覚めがすっきり。いままでぐっすり眠れなかったのが嘘のようです。

・スッキリ目覚められるようになりました。もう毎日飲まないといけません。本当に感謝です。

④Q４に出てきた回答（決め手）の中から上位項目を抽出

・他のにんにく卵黄よりビタミンEが多い。

（ビタミンEが多い）

・ビタミンEが豊富。

・ビタミンEが多かったので。

（ポリフェノールが多い）

・ポリフェノールが多い。
・ポリフェノールがたくさん入っている。
（アミノ酸が豊富）
・アミノ酸が豊富に入っていると書いてあったので。

⑤Q3に出てきた回答（不安）には何があったか？　またその不安を取り除く対策は？
（別の商品が手元にあった）
（本当に効果が出るのか）

このように答えを整理して、「チラシ・DM・ホームページ基本コンセプトシート」へ挿入すると次のようになります。

「チラシ・DM・ホームページ基本コンセプトシート」
（ポスティングチラシ／Q2の回答）で
（朝起きられない（すっきりしない・しんどい）／Q1の回答）という悩みを持っていませんか？

あなたと同じように〈朝起きられない〈すっきりしない・しんどい〉／Q1の回答〉という悩みを持っていた人が、太陽卵卵黄油黒にんにくを飲んで、今では〈「朝はスッキリ目覚めることができ、体調も良好！　自分でも驚いております！　アラームで起きない私でしたが、今では100％アラームで起床できます。ありがとうございます！」

「朝の目覚めがすっきり。いままでぐっすり眠れなかったのが嘘のようです」

「スッキリ目覚められるようになりました。もう毎日飲まないといけません。本当に感謝です。」／Q5の回答〉と喜んでいます。

太陽卵卵黄油黒にんにくは〈ビタミンEが豊富・ポリフェノールが豊富・アミノ酸が豊富／Q4の回答〉というところがおすすめです。

とはいっても、〈別の商品が手元にあった・本当に効果が出るのか？／Q3の回答〉が不安ですよね。そこで当社では、希望日発送・お試し商品を用意しました。

6 お客様からのアンケートを「マンダラ」に当てはめる

「チラシ・DM・ホームページ基本コンセプトシート」まで作成できれば、これをそのまま宣伝文にしてチラシを作成することもできます。

しかし、すでにあなたは第3章で「マンダラ広告作成法」を学んでいます。

その際に「発想マンダラ」と「作成マンダラ」で使用した質問を、再び思い出してください。

①オファー……その商品（サービス）は、どんなものですか？

②ボディコピー……その商品（サービス）がライバルに勝っている所は、どんな点ですか？

③キャッチコピー……その商品（サービス）を使うことによって、お客様はどんなよいこと（状態）になりますか？

④裏付けとなる証拠……その商品（サービス）が信用してもらえる証拠は？　あるいは語れる資格は？

⑤ターゲットコピー……その商品（サービス）を購入して喜ぶ人は、どんな人ですか？
⑥リスク対策……何があれば不安なく、すぐに購入していただけますか？
⑦行動喚起……今、購入しないといけない理由には何がありますか？
⑧購入方法&購入先……会社やお店の情報、あるいは購入方法は？

お客様からアンケートで得た回答は、この「マンダラ広告作成法」での質問にも、ちゃんと対応しています。

Q1「商品を買う前に、どんなことで悩んでいましたか？」（第1段階：欲求発生）
↓ターゲットコピー（朝起きられないという悩みを持っている人）
Q2「何で、この商品を知りましたか？」（第2段階：情報収集）
↓ポスティングチラシ
Q3「（商品名）を知ってすぐに購入しましたか？　もし購入しなかったとしたら、どんなことが不安になりましたか？」（第3段階：購入不安）
↓リスク対策（「別の商品が手元にある」「本当に効果が出るのか」という人への対策）
Q4「いろいろな商品がある中で、何が決め手となってこの商品を購入しましたか？」

（第４段階：購入実行）

↓ボディコピー（ビタミンEが多い、ポリフェノールが多い、アミノ酸が豊富）

Q５「実際に使ってみていかがですか？」（第５段階：購入評価）

↓裏付けとなる証拠（お客様の声）

あとはQ５の感想から「キャッチコピー」を考え、「行動喚起」できる要素を抽出するだけです。詳細は第３章をもう１度、読んでいただければと思います。

このように**「A４」１枚アンケートを使えば、「発想マンダラ」からでなくてもチラシを作成することができます。**

当然、アンケートからの回答ですから、予測でつくるマンダラと違って、よりお客様の心に響く内容に変わることが期待できるでしょう。

いかがだったでしょうか？　もしこの説明でわかりにくかった方がいらっしゃれば、『あらゆる販促を成功させる「A４」１枚アンケート実践バイブル』（ダイヤモンド社）にもっと詳しく書かれているので、そちらをご覧ください。

図 4-4　図3-12太陽卵卵黄黒にんにくサプリメントの完成版チラシ

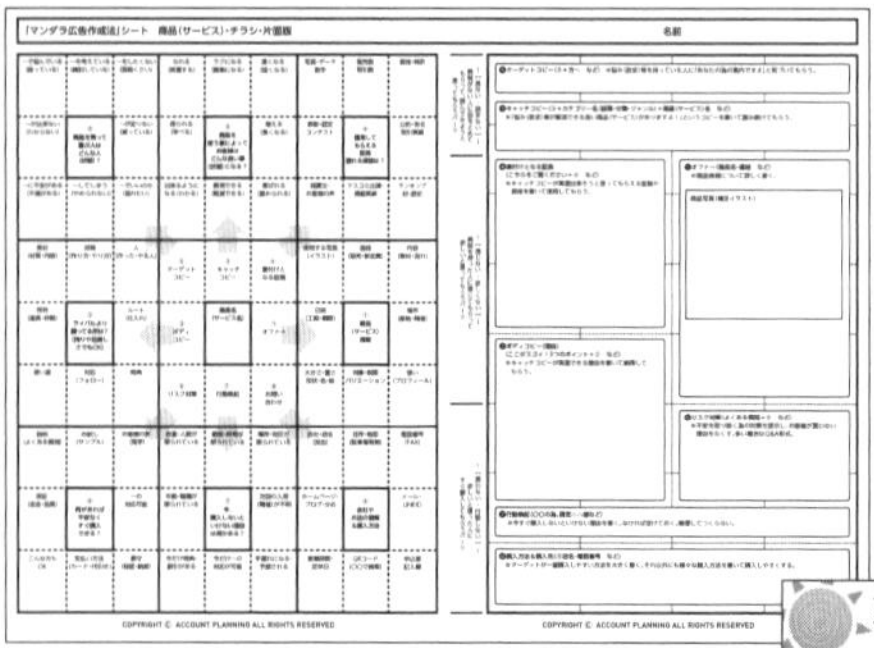

マンダラ広告作成法

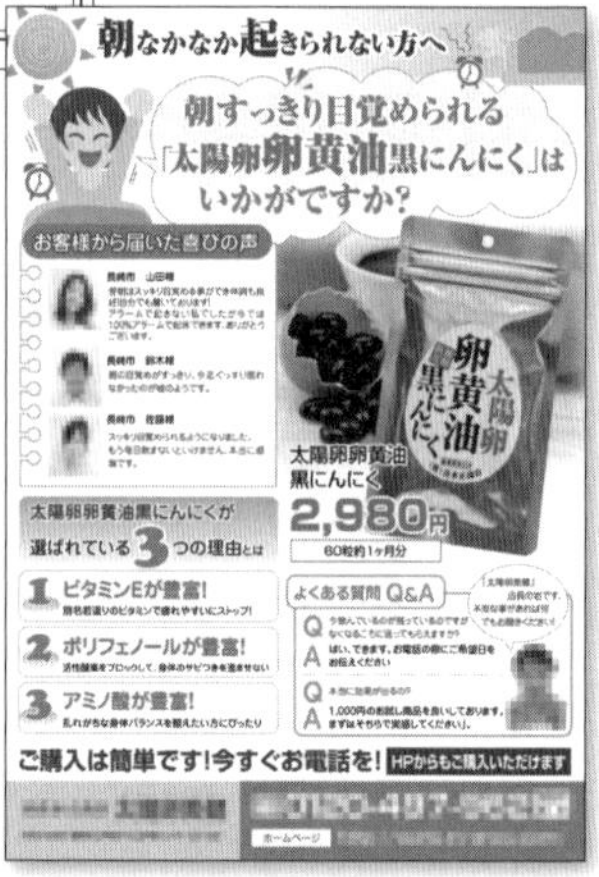

「A4」1枚アンケート広告作成法

あなたの声をお聞かせください

弊社ではより一層、皆様のご期待に応えていきたいと考えております。あなた様のご意見をお聞かせいただき、今後の活動に反映したいと考えております。良かったこと、嫌しかったこと、どのような些細なことでも結構です。率直なご意見・ご感想をお聞かせください。

Q1:「太陽卵卵黄油黒にんにく」を購入される前は、どんなことでお悩みでしたか？
朝起きられない。

Q2:「太陽卵卵黄油黒にんにく」を何で知りましたか？
ポストに入っていたチラシです。

Q3:「太陽卵卵黄油黒にんにく」を知ってすぐに購入されましたか？
されなかった方は、どのような不安がありましたか？
はい、ここしかないしと思いました。

Q4: 他にもさまざまなサプリメントがあるにもかかわらず、何が決め手となって「太陽卵卵黄油黒にんにく」を購入されたのですか？
アミノ酸が豊富に入っていると書いてあったので。

Q5:「太陽卵卵黄油黒にんにく」を実際に飲まれてみていかがですか？
翌朝はスッキリ目覚めることができ、体調も良好し自分でも驚いております！アラームで起きない私でしたが、今では100%アラームで起床できます。ありがとうございます。

※上記のお声についてお願いがあります。世の中には弊社の商品を知らない方がたくさんいらっしゃいます。その方々に商品の良さを少しでもご理解いただくために、広告等にこの内容を掲載させていただけないでしょうか。ご協力いただける方は、下記の中から○印をお付けください。

【　】 名前を出してもいい　　【○】 イニシャルなら出してもいい

■お名前　T・O　　■ご職業　会社員

ご協力をありがとうございました。

「A4」1枚アンケートを使えば「発想マンダラ」からでなくてもチラシを作成することができる。当然アンケートからの回答なので予測でつくるマンダラと違って、よりお客様の心に響く内容になる。

7 お客様からのアンケートで、知らなかった自分たちの魅力を発見！

しかし、マンダラを利用してつくったチラシが成功しているのに、わざわざアンケートを取って、成功したチラシを変える必要があるのかと考える方もいるでしょう。

私の意見を言えば、これは**確実にアンケートを取ったほうがいい**と思います。

というのも、成功しているときでさえ、売る側はお客様の思考を、まだまだ把握できていないことが多くあるのです。結果、もっと売れていいはずの商品を売り損ねていることがよくあります。

「マンダラ広告作成法」で強みを予想してチラシをつくったが、「Ａ４」１枚アンケートをとってみたら「マンダラ広告作成法」で予想した強みとまったく違っていた例は多くあります。

結果、新しいチラシを改めてつくることで、より大きな反響を得たこともありました。

お客様アンケートを取ったら、まったく違う理由で支持されていることが判明！

1つ例を紹介すると、図4－5は、京都の喫茶店のものです。いまひとつ集客が伸びないということで、「マンダラ広告作成法」でチラシをつくることにしました。

店主さんはメニューにこだわっていて、その中でも自信を持っていたのは、チラシにある「タマゴサンド」だったのです。確かに人気の商品でした。

「限定15食 毎日ほとんど完売‼」

この「タマゴサンド」をメインにしたチラシには、それなりの反響がありました。限定数を超えた60個くらいの注文があったそうです。

そこで改めてアンケートを取ったのですが、お客様に支持されていたのは、まったく違うポイントだったことがわかりました。

「Q4　いろいろなお店がある中で、何が決め手となって当店を選んだのですか？」

この質問に対し、お客様の回答で最も多かったのはタマゴサンドではなく、「お店の雰囲気がよくて心が安らぐ」とか「長居しやすい」ということだったのです。

図4-5 「マンダラ広告作成法」でつくった喫茶店のチラシ

毎日ほとんど完売

家でつくるのは
むずかしい

フワッフワ
トロットロの表現
はマンダラ
ヒアリング中に
社長が言った
言葉をそのまま
引用

ランチで
食べられることを
アピール

ポイントはすべて
マンダラで
引き出した内容

店舗周辺にリビング折り込み
限定数を超えた60個の注文

早速、店主さんは新しいチラシを作成することにしました。
それが図4－6のチラシです。

新しいチラシで180人以上の新規顧客獲得に成功

タマゴサンドとは打って変わって、こちらは「安らぐ空間」を前面に出したものになりました。このチラシはリビング折り込みされ、結果、**180人以上の新規顧客獲得に成功**しました。

このようにアンケートを取ることで、それまでわからなかった自分たちの魅力を再発見することができるのです。

図 4-6　喫茶店のアフターチラシ

アンケートの結果

Q４が
安らぐから、
長居できるから
が一番多かった

タマゴサンドが
食べたいからは
２番目だった

車で行けないから
なかなか
行けなかったの声
があったので
Q&Aではなく、
逆にコイン
パーキングが
すぐ近くにある！
をポイントにした

店舗周辺にリビング折り込み
180人以上の新規顧客獲得に成功

8 「マンダラ広告作成法」と「A4」1枚アンケートで「PDCA」を回す

先ほどの京都の喫茶店における例を見ると、本書の第1章で述べた「PDCA」の方法も、よくわかるのではないかと思います。

- Plan（計画）……「マンダラ広告作成法」で予測を立て、チラシをつくる
- Do（実行）……「マンダラ広告作成法」でつくったチラシを撒く
- Check（検証）……お客様から「A4」1枚アンケートを取って状況を把握
- Act（改善）……「A4」1枚アンケートをもとにチラシを改善

辛抱すべきなのは、「実行」段階から「検証」までの、まだお客様のアンケートが十分に集まらない段階でしょう。この段階では、少ないお客様からの情報をもとに、たえずマンダラで試行錯誤せざるを得ない状態になります。

ただ、すでに述べたように、アンケートはお客様がまだ少ない段階からでも、集めていくことはできます。

たとえば店頭であれば、それこそ来てくださったお客様に「すみませんがアンケートに答えてくれませんか」とやればいいわけです。

少なくとも「Ｑ４」の「いろいろな商品がある中で、何が決め手となってこの商品を購入しましたか？」という質問をするだけでも、お客様を呼び込める要因を知ることができるでしょう。

「何が決め手か」を知るだけで、すぐに売れるキャッチコピーもつくることができます。詳しくは拙著『お客様に聞くだけで「売れない」が「売れる」に変わるたった１つの質問』（ダイヤモンド社）をご覧ください。

通販であれば、納期を連絡する際に聞くといいと思います。答えていただいた方に、注文してくださった商品と関連するプレゼントなどを送るようにすれば、回収率は大きく上がるでしょう。

「ＰＤＣＡ」というと難しく考える方も多いのですが、こんなふうに「Ａ４」１枚におさまる質問で、十分に実行していくことが可能なのです。

「A4」1枚チラシで、お店も会社も、社長も従業員もどんどん進化する

これで「改善」されていくのは、単に営業ツールとしての「チラシ」だけではありません。会社やお店は、より自社の強みを知り、よりお客様の心理を理解していくことができます。それによって経営戦略も変わるし、次なる商品の展開も変わります。

たった「A4」1枚のチラシから、お店も会社も、社長も従業員も、どんどん進化し、お客様に愛される存在になっていくことができるのです。

「マンダラ広告作成法」と「『A4』1枚アンケート」の手法は、そのための方法論なのだということを、ぜひ知ってほしいと思います。

第5章

「マンダラ広告作成法」のさまざまな使い方

1 畳敷きのマンションを人気物件に変えたアイデア

最後になる本章では、「マンダラ広告作成法」によるアイデア出しを、もっと広く販売戦略に活用することを考えてみましょう。

図5－1は大阪のとある、「賃貸物件」です。

築30年で古い間取りの和室2室の2DKです。

「駅近、徒歩4分」とありますが、売りはそれくらいで、他社からは「和室はもう受け入れられないので、洋室フローリングにリノベーションしない限り、入居者を探すのは無理」と言われていました。

しかし、改装すると1部屋当たり150万円くらいかかるので、仮に家賃を1万円上げたとしても、投資額の回収には12年以上かかります。

当初12室のうち、4室が空いていましたが、現入居者には「子育て中のシングルマザー」の比率が高いとのことでした。和室が2室あって家賃7万円以下は珍しいので、小さい子

図5-1 これといって特徴のない物件案内のチラシ

「賃貸物件」

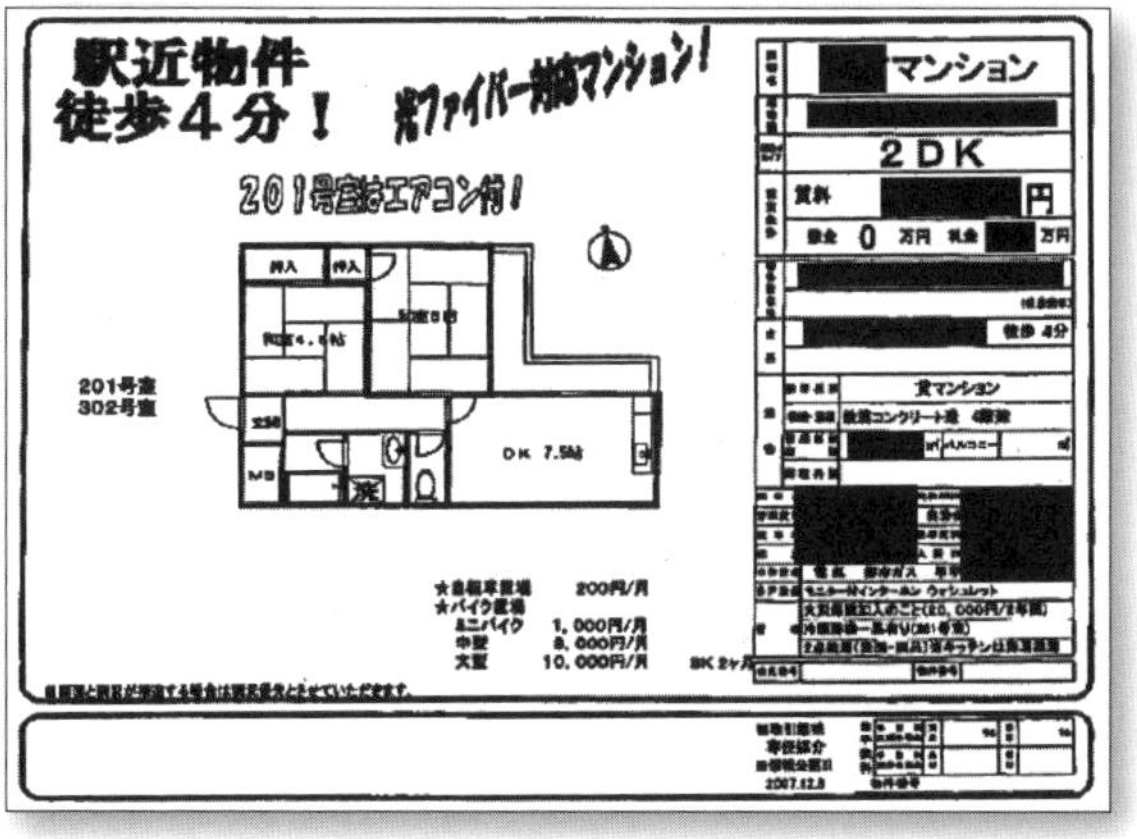

当初の物件案内チラシ。
駅近物件にもかかわらず、
今の時代に即さない畳敷きの間取りと古さが原因で
入居者が現れなかった。

供がいて、安い賃貸マンションを探している層には嬉しい物件なのでしょう。

なんとかこの物件をそのままの状態で、お客様にアピールすることができないか考えました。

そこで「マンダラ広告作成法」を使ってアイデア出しをした結果、出てきたのは**「古さを強みにする」**という発想だったのです。

古さを強みにする……。

たとえば、昭和レトロのような演出はできないだろうかと考え、10万円を投資し、1室を昭和レトロのモデルルームとして演出してみました（図5－2）。

そして、このコンセプトをもとにして、賃貸物件の案内チラシも大きくアレンジを加えることにしました（201ページ図5－3）。

図5-2 10万円投資して昭和レトロのモデルルームとして演出

「マンダラ広告作成法」によって出てきた「古さ」という強みを演出するために、10万円で購入。

2 「マンダラ広告作成法」で「不可能の先」を目指す

図5－3は新しくなった「物件案内」のチラシです。レトロな雰囲気を際立たせた楽しいデザインになっています。

しかも、これまで「マンダラ広告作成法」で学んできた要素を、上手に配置していることは見逃せない要素です。

まず広告で重要な要素である「ボディコピー」（ライバルより勝っている所は？）の部分は、**「畳」「バランス釜」「節約」**といった写真で紹介。「開口部の多い間取りは、風通しもよく、快適にお過ごしいただけますよ」などというオーナーさんのイラストを通してうったえる言葉は、文字としては小さくても、お客様の目に入りやすいキャッチとなっています。

その他ターゲットコピー（その商品を購入して喜ぶ人は、どんな人ですか？）については、「こんな方に住んで欲しい」という項目で、「新婚さん」「小さいお子さんのいるご家族」

図5-3 新しくなった「物件案内」のチラシ

「マンダラ広告作成法」によって出てきた
「古さ」という強みを演出するため、
昭和レトロな文字・イラスト・写真を掲載。
また物件情報だけでなく「開口部の多い間取りは、
風通しもよく、快適にお過ごしいただけますよ」という
オーナーのコメントも掲載。

「レトロな一人暮らし」という3タイプを想定。

さらに行動喚起（今、購入しないといけない理由には何がありますか？）に当たる部分は、「おすすめあれこれ」という項目で「駐車場大幅値下！」「大型バイク駐輪可能！」という特長を紹介しています。

「弱み」と見られる点を、「強み」に変えるコンセプトも打ち出せる

面白いのは、「子育て中のシングルマザーが多い」ということがわかっているのに、そこを1番には考えなかったことです。

「新婚さん」を先頭にもってきたのは、新婚家賃補助制度を利用すれば、さらにお得に住むことができるからです。

あとは「小さいお子さんがいる」より、むしろ「レトロな雰囲気が好き」という層を取り込む方向にシフトしました。

既成のお客様に合わせるよりは、むしろマンダラで打ち出した「新しいお客様層」へのアプローチを考えたわけです。

結果、空いていた4室はすぐに埋まり、リフォームに150万円をかけることなく、畳

の和室のままでお客様を迎えることができました。

この例でお伝えしたいのは、**マンダラを使ってアイデアを出していくことで、常識では「弱み」と見られる点を、「強み」に変えるコンセプトも打ち出せる、**ということです。

「これでは無理だ」とか、「できるわけがない」と諦める前に、まずは８つのマスに向かってアイデアを出してみることを、おすすめします。

「ほとんどの人間は、もうこれ以上アイデアを考えるのは不可能というところまで行きつき、そこでやる気をなくしてしまう。勝負はそこからだというのに」

こちらは発明王と呼ばれた、トーマス・エジソンの言葉。まさに「マンダラ広告作成法」は、不可能のその先を実現するテクニックなのです。

Photo: Adobe Stock

3 ホームページに反映することで成約数は倍に！

次は「マンダラ広告作成法」から、ネットに活かしていった例を紹介しましょう。

横浜市にあるシステム開発会社の例です。

この会社は創業して25年になり、「来店ポイントシステム」を全国1000店舗に導入した実績を持っています。新たにつくったスマホと連動した人事システムの新事業を始めることにしました。

この新事業を告知するために、まずは3人の新入社員に「マンダラ広告作成法」でチラシをつくってもらいました。

その際に出来上がったチラシが、図5－4です。

このチラシを見れば、お客様がまったく想像上のものだったこともあり、いくつかの問題があります。たとえば、決め手となる「ボディコピー」（ライバルより勝っている所）は、「1．簡単・シンプル・わかりやすい」「2．導入後、すぐに結果が出せる」「3．リアル

図5-4 システム開発会社がつくった手渡し用のチラシ

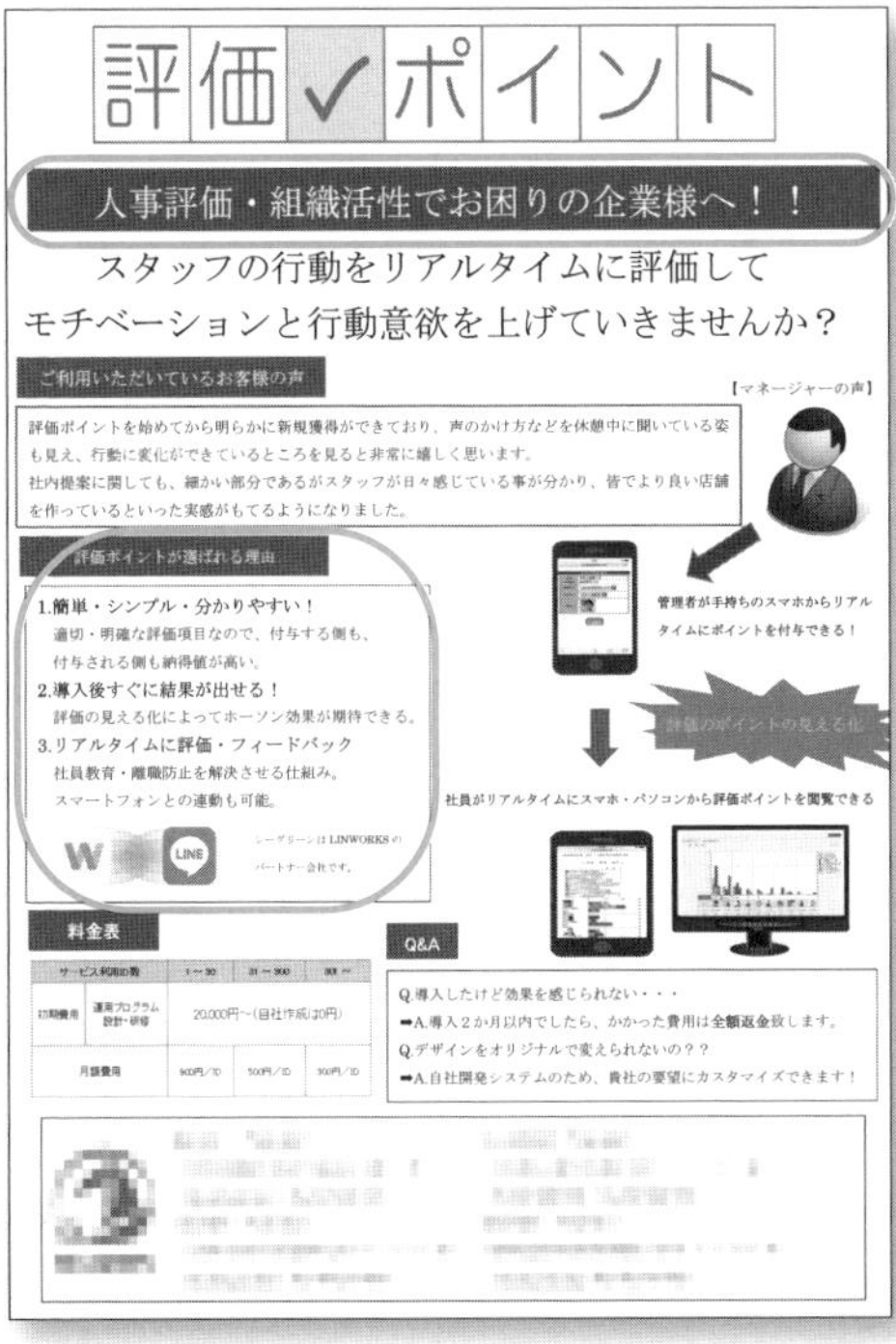

2017年10月作成

新事業を始めるにあたり、
新入社員が「マンダラ広告作成法」でつくったチラシ。
まだお客様がいないため、ボディコピー
（ライバルより勝っているところ）やターゲットコピー
（その商品を購入して喜ぶ人）が曖昧。

タイムに評価・フィードバック」と、絞りきれていません。

またターゲットコピー（その商品を購入して喜ぶ人は、どんな人ですか？）を見ても、「人事評価・組織活性でお困りの企業様へ」と、かなり曖昧になっています。「困っていない企業などないでしょう？」と、疑問を持つ方もいるかもしれません。

ただ、チラシのほうはこれでとりあえずは「よし」とし、お客様へのアンケートで新しい情報が入れば、その都度ホームページを更新。

とくに「お客様の声」や「よくある質問」は、リアルタイムで更新させる工夫を行なったのです。そのホームページの一部が、図5－5です。

お客様の声が日々、ホームページ上で紹介されるのは、何より営業担当者が交渉をする際の説得力となります。よって成約率は2倍に上がり、この新規事業は、300企業500事務所を達成したそうです。

「絶えずPDCAを回す」という利点を生かせば、「日々、改善させていく広報」が可能になるわけです。

図5-5　アンケートの新しい情報をホームページに反映

システム会社のホームページ

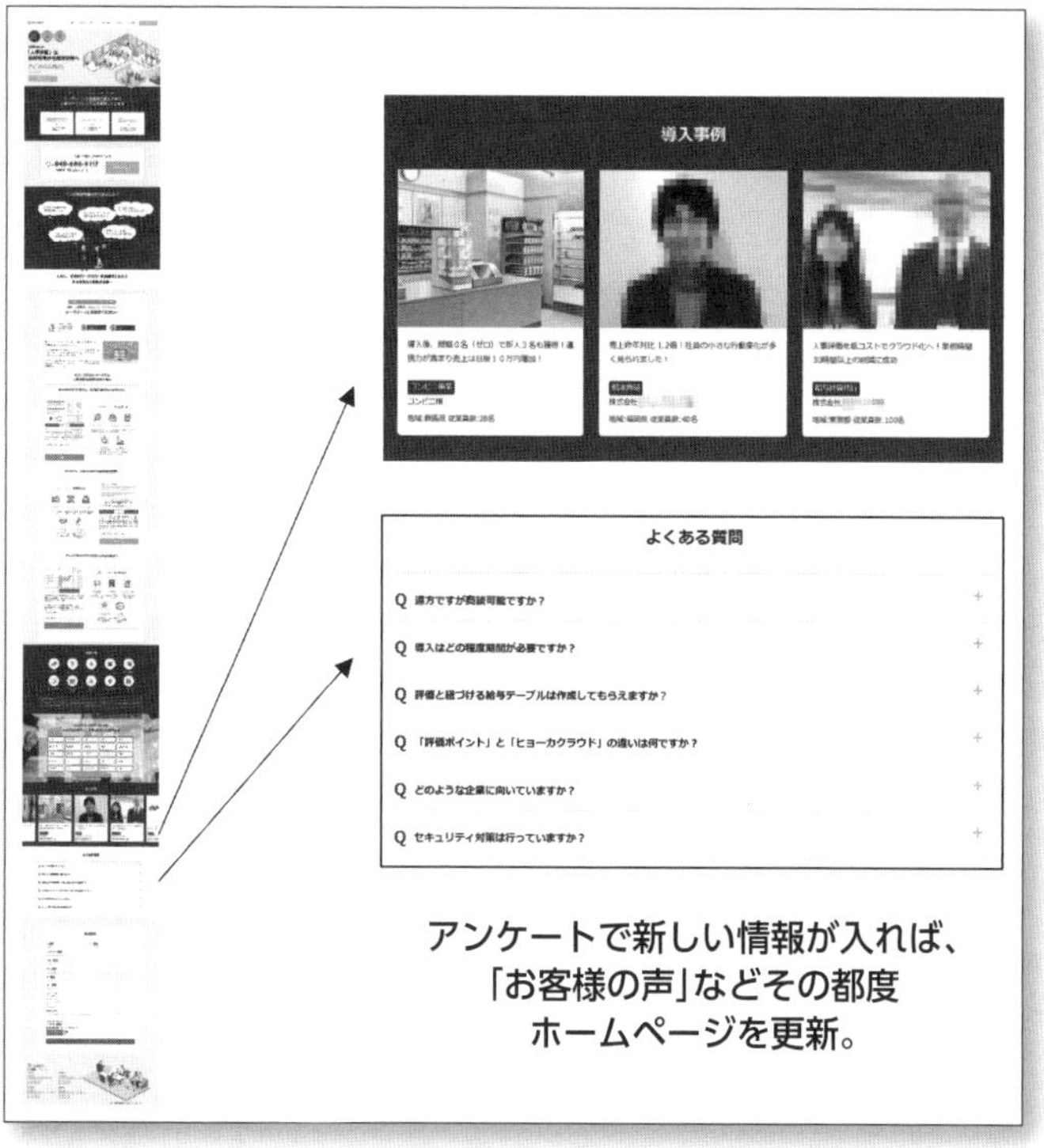

その後、アンケートを取りホームページ等に反映。
とくに「お客様の声」についてはリアルタイムで更新。
結果、成約率は2倍！　300企業500事務所を達成！

4 チラシ以外でも、さまざまな分野に応用が可能！

ここまで不動産の賃貸物件と、システム開発会社のホームページの2つの事例を紹介しましたが、こんなふうに、あらゆる業界のあらゆるビジネスに応用可能です。

実際、セミナーで学んで、「さまざまな商品で、マンダラ広告のやり方が応用できた！」と喜んでいる方が多数いらっしゃいます。

次は、そんなセミナー受講者の1人から、いただいたメールです。

「早速、セミナーの内容を実践させていただいて成果につながりましたので、ご報告と、お礼の連絡をさせていただきました。

制作したページは、○○とは別事業で、△△の受注販売をしておりまして、新商品の販売のための、こちらのページです。

セミナーの翌日に、改めてマンダラからやり直してみて、サクッとページができました。

そして販売を開始して、ブログからアクセスを流していくと少しずつ売れてゆき、購入してくれた方には送料無料のオファーでアンケートに協力してもらい、結果は教わった通りにすぐにページに反映して、改善を早いサイクルで繰り返していきました。

結果、10日間で売上100万円を達成！

いいスタートを切ることができました」


この方が言っている「ページ」とは、釣り竿を売っているランディングページですが、本当は別の商品を売るため、セミナーに参加したわけです。

そこで「マンダラ広告作成法」を学び、応用してみた結果、**「10日間で売上100万円」**という大きな売上に結びついたのです。

「マンダラ広告作成法」のノウハウは、企画や広報にも応用できる

同じようなことは、会社での営業戦略であったり、社内でのイベント企画だったり、友達に紹介する活動だったり、SNSでの発信だったり、あるいは個人の交流会の集客であったりと、じつはいろんなところに応用されています。

本書を読んだ方には、チラシづくりに関しては「今の自分のビジネスに関係ない」と思った方もいらっしゃるかもしれません。

しかし方法論さえ学んでおけば、チラシ以外にもランディングページやＰＯＰ、プレスリリースなどあらゆる企画や広報に応用できます。

発想の幅を狭めず、広く「どんなことに使えるだろうか？」と自分の周囲を見回してみてはいかがでしょうか。

5 「マンダラ広告作成法」でブレインストーミングする

従業員数人の中小企業では多くの場合、「マンダラ広告作成法」で最も効果的なチラシをつくるのは、その会社の社長さんです。

というのも、中小企業の場合、社長がたいていは一番の営業パーソンだからです。一番、お客様のことをわかっているし、商品やサービスのこともよくわかっています。

とくに料理店などを考えれば、ほとんど店主さんのつくるものを、店主さんの思うように売っているようなところが多いのです。

だからチラシなども、店主さん1人の発案でつくり、店主さんの指示でポスティングするのがほとんどでしょう。

しかし、社長以外の人がチラシをつくるのが、まったくムダなことかといえば、そんなことはありません。

社長が一番優れたアイデアを出すとしても、当人が気づいていない切り口であったり、プラスアルファのアイデアを誰かが思いついたりすることは多いのです。

実際、51ページで紹介した駐車場のアスファルト舗装のアイデアは、入社してまもない社員から出たものでした。

152ページで紹介したリフォーム会社の「ままサロン」も、社長の娘さんが中心となって出た企画です。

このように、どこから社運を変えるアイデアが出てくるかはわかりません。

だとしたら社員はもちろん、アルバイトを含めた全員で「マンダラ広告作成法」にトライしたほうが、優れたチラシが出来上がる可能性は高くなるでしょう。

皆の頭を使って、「マンダラ広告作成法」の一つひとつの答えを埋めていくのです。

「マンダラ広告作成法」は、社員教育にも有効

たとえば**「拡大した『マンダラ広告作成法シート』をオフィスの壁に貼っておく」**というのも、1つの方法です。

社長だけではなく、社員もそのマンダラを見ながら、日々アイデアを出していくのです。

たとえば、ホワイトボードなどに貼って、「誰かが何かを思いついたら記入して構わない」というルールにしておけば、いつのまにかアイデアが集まるかもしれません。

しかし、それ以上に効果的なのは、やはり社員にも「マンダラ広告作成法シート」を配って、それぞれの発想でチラシを考えてもらうことでしょう。

すでに述べたように、「マンダラ広告作成法」は、社員教育にも非常に有効なツールです。**これを書いてもらうことで社員は、商品やサービスの強み、あるいはお客様の思考を本気で考えるようになります。**

いったい自分が、何がわかっていて、何がわかっていないのかを理解し、お客様への提案力を身につけることにつながります。

新人だけでなく、ベテランの人だって、日々変わっていくお客様の心理をつかみきれていないことはあります。

だからこそ「マンダラ広告作成法」は、単に営業ツールとして使用するのではなく、会社全体を成長させるマネジメントツールとしても活用してほしいのです。

6 アイデア出しに「制限」をかけてはいけない

「マンダラ広告作成法」でアイデアを出すときは、発想にブレーキをかけず、自由に思考を広げることが重要です。

たとえば健康食品だったり、ダイエット製品を売る場合、広告ではよく「薬機法」のことが問題になります。

「このサプリメントに入っている〇〇という成分は、脂肪を燃焼させる効果がある」という文句であれば事実でしょうが、「このサプリメントを飲んだら痩《や》せます」と書いたら引っかかります。

現在はあおり広告なども存在し、また消費者を騙《だま》す会社もあるので、とかく宣伝する側は気をつけなくてはいけません。

しかし、アイデア出しの段階からこれを気にしすぎると、「こういう言い方はできない」という制約ばかりに注意がいき、いいアイデアが出なくなってしまうことが多いのです。

言い過ぎの部分はあとで検討するとして、アイデア出しの際は、何も考えず自由にアイデアを出していくことが望ましいのです。

どんなアイデアも否定せず、最初のうちは数を出していく

アイデアを制限させる要素には、法的な規制や倫理上の規制ばかりでなく、上司のプレッシャーもあります。

これは会社でのブレインストーミングなどでも同じですが、部下がアイデアを出すたびに「そんなのつまらない」とか、「できるわけないだろう」などと社長や上司が批判していたのでは、皆がアイデアを出しにくくなってしまいます。

そんな環境だと、前例のない発想や、奇抜な考え方などは、提案することも難しくなってしまいます。

先に述べたように、社長はたいてい、会社では一番のアイデアパーソンであるし、経験の長い上司のほうが、商品やサービスについてもよくわかっています。

それだけに、まだ素人に近いレベルにある若い社員や新人の発想などは、稚拙に見えてしまうこともあるのは仕方ありません。

でも、それを否定していたら、新しいものは何も生まれません。

どんなアイデアも否定せず、最初のうちは数を出していくべきです。それから全体を見て、吟味していけばいいのです。

ちなみに私が商工会議所や商工会等で行なう「マンダラ広告作成法」のセミナーでは、まったく業種の違う人たちがグループになってブレインストーミングを行なうことがあります。

そのときは、まったく自分の仕事を知らない第三者に「マンダラ広告作成法シート」を見せるのですが、現実のお客様だって同じような素人の人たちです。

「この言葉はわかりにくい」と言われた言葉は、ひょっとしたらお客様にもわからない内容かもしれません。

「こっちを強調したほうがいいのではありませんか?」という指摘があれば、お客様にも、それは受ける要素であるかもしれないのです。

現実に「マンダラ広告作成法シート」を、仕事にかかわっていない家族や友人に見せれば、自分では気づかなかった点に気づけることもあります。ですから広告の作成には、できるだけたくさんの人を巻き込んだほうが、優れたものができる可能性は高いのです。

7 「マンダラ広告作成法」でアイデアが出ないときはどうするか？

「マンダラ広告作成法」でアイデアを出していくことは、慣れていない方にとって最初のうちは難しいかもしれません。

アイデアが出ないときは、どうしたらいいのか？　私自身がやっていることを言えば、まず次の方法です。

「一晩寝かす」

そう、アイデアが出ないときは、何をどう頑張っても、なかなか閃きません。だとしたら、とりあえずは保留にしてしまっていいでしょう。

古代中国に「三上《さんじょう》」という言葉があります。これは「馬の上」「枕の上」「厠《かわや》（トイレ＝便器）の上」の3つを指します。北宋の文筆家、欧陽修が語った言葉で、「アイデアが出やすい場所」のことです。

現代でいえば、「馬の上」というのは、「移動中」ということでしょう。会社に向かう、電車やバス、あるいは車の運転中かもしれません。

「枕の上」は、朝、目覚めた瞬間であり、あとはトイレの他、私はよくお風呂に入っているときに閃きます。

つまりデスクから離れ、別なことをやっていれば、ふと気持ちがゆるんだ瞬間に、「そう言えば！」と閃くことが多いのです。

先にあげた瞬間は、いずれもリラックスして、心が無に近い状態になっていますから、そんな瞬間に脳内で情報と情報の結合が起こるのかもしれません。

また、睡眠中は脳内で情報の整理作業が行なわれることが知られていますから、眠って起きたばかりというのは、それなりにアイデアが出る可能性が高まっている時間でもあるわけです。

ただ、明け方に見る夢と同じく、起きた瞬間に思いついたアイデアは、すぐに忘れてしまうことが多いでしょう。ですからベッドの傍らにアイデアがすぐ書けるよう「マンダラ広告作成法シート」をそのまま置いておくのがいいでしょう。

アイデアというのは、そんなふうに思いがけないときに、気まぐれに出ることが多いものです。

ただそのために、無意識下でその問題のことを、ずっと考えているような状態をつくっておくことも重要です。

たとえばニュートンは、リンゴが落ちた瞬間に万有引力の法則のアイデアを閃いた。あるいはアルキメデスは、お風呂に入っているときに浮力の原理を思いついた。

これらは偶然ではなく、毎日のように彼らが、物理法則について考えていたから、その瞬間にすべての思考が結びついたわけです。考えてもいなかったことが、急に頭に浮かんだわけではありません。

ですから、つねに頭の中で回答を意識しているような状態をつくったほうがいいのです。

「マンダラ広告作成法シート」を見えるところに貼っておく

そこで私が推奨しているのは、

「マンダラ広告作成法シート」を机に貼っておく

ということです。

机に貼っておけば毎日見るたびに、「いい内容やキャッチコピーはないかな」といったことを考えます。

同時に会社の壁やトイレの壁に貼っておけば、社員もつねにそれを意識することになります。

先の「三上」ではありませんが、誰かがトイレ休憩に行ったときに、「ああ、そうだ、こういったお客様に売ってあげれば喜ぶんじゃないかな」と、新しいターゲットを思いついたりもするわけです。

ふだんから「マンダラ広告作成法」で考える習慣を社内に取り入れれば、営業力はかなり増すことは間違いありません。

8 どうしても「いいアイデア」が出ないときは、「裏マンダラ広告作成法」を使う

商品やサービスが売れていないときに、「その商品（サービス）がライバルに勝っているのは、どんな点ですか？」という「ボディコピー」となる質問をしても、明確な答えが出せないことがあります。

「マンダラ広告作成法」は、この「自社の売りになる点」をトライ&エラーで見つけていく手法ですから、ここが決まらなければ機能しません。

むろん「何も売りになる点がない」という状態では、どんな商品もサービスも成り立ちませんから、世にその商品がある以上、売りはあるはずなのです。

ただ、失敗を繰り返していけば、だんだんと「売り」としている要素にも自信がなくなってきます。

そんなときに発想の転換として、試してほしいのは**質問を逆転させる**ことです。

すなわち、

「その商品（サービス）がライバルに勝っているのは、どんな点ですか？」

ではなく、

「その商品（サービス）がライバルに劣っているのは、どんな点ですか？」

という質問を、自分にぶつけてみるのです。

これが**「裏マンダラ広告作成法」**といえるものです。

劣っている点を強みとして訴求できないか？

たとえば、中小企業で「うちは同族経営だから、なかなか優秀な新人が入ってこない」と嘆いているところがあります。社長の奥さんが専務で、息子さんが部長で次期社長候補だったりと、小さい会社にはよくあることです。

「あなたの会社がライバルに劣っているのは、どんな点ですか？」

「同族経営のため、どうしても若い社員からは古くさく思われてしまう」

そこで、この「劣っている点」から、マンダラを考えてみるのです。

〈キャッチコピー〉……同族経営の古くさい会社に入って、「よかったな」と思わせる要素があるとしたら、どんなことですか？

〈ターゲットコピー〉……同族経営の古くさい会社に入って、喜ぶ人がいるとしたら、どんな人ですか?

これらの質問に、いい回答ができれば、起死回生の売り方が見えてきます。

「うちは家族経営をしているけれど、別に家族以外を差別しているわけではないし。皆、楽しく人懐っこい人たちばかりで、気楽に働けるのではないか?」

「合理的なものを求めている人には合わないけど、アットホームが好きな人にはいいのでは?」

この例でそんなキーワードが出てきたら、「◯◯家の家族と、アットホームな雰囲気で一緒に仕事をしてみませんか?」といったキャッチコピーを使い、写真などで家族の絆のようなものをうったえ、「そんな雰囲気の中で仕事ができる楽しさ」を出して求人することもできるでしょう。

本章の冒頭では、築30年の畳の部屋を「昭和レトロ」という売りにした賃貸物件を紹介しました。これも一方から見た「欠点」を、逆転させて「強み」にした例になります。

実際、「あなたの悪いところを書いてください」と言えば、結構、いろんなことを思いつく人は多いのです。「弱み」がたくさん出るのであれば、それを逆転させたほうが早いかもしれません。

商品についてみれば、「まずいラーメン」だとか、「可愛くないゆるキャラ」が、逆にヒットすることもあるのです。

「劣っているから」といって、それが必ずしも欠点になるとは限らないのです。

以前「A4」1枚アンケートのノウハウを私の許可を得ないで勝手にコンサルティングやセミナーで使用しているコンサルタントがいました。

そのコンサルタントはどうなったか?

Facebookで謝罪をするはめになりました。

なぜなら、そのコンサルタントの知り合いがこぞって

「こういった詐欺的な行為は許せない!」

と怒って、本人に謝罪するよう要求したからです。

何が言いたかったかというと、ネットがない時代であればバレなかったことも、今の時代はすぐバレます。

人のをパクって大ごとになるのであれば、劣っていると思っていることを強みに変え、オリジナルを作ったほうがよいということです。

おわりに

最後は「数撃ちゃ当たる」で乗り越える

最後に長く広告に携わってきた私が言いたいのは、とにかくこの世界は、「数をこなす」というのが一番効果的な方法だということです。

何度も何度もトライすれば、いつか必ずヒットは出ます。

ヒットが出さえすれば、すべての失敗がチャラになることも多いですから、とにかく当たるまで根気よく繰り返していくのがベストな策なのです。

今の世の中、何が売れるもので、何が売れないものなのか？

どんなチラシがお客様を呼び、どんなチラシだと、無視されるのか？

正直その答えは、試してみなければ誰にもわからないところがあります。

たとえば最近のヒット商品に、「コックシューズ」と呼ばれるものがあります。「コック

＝料理人」ですが、「厨房靴《ちゅうぼうぐつ》」と業界でよく呼ばれるもの。作業着のチェーン店として知られる「ワークマン」などで売られていたものです。

ところが、この「コックシューズ」が大人気となります。

理由は「油がこぼれた床でも滑らない」という特徴を、どこかで妊婦の方が「転ばなくて安全だ」と評判にしたからです。

これがたちまち「こんな靴が欲しかった」と、妊婦さんの間で大人気となってしまいました。妊婦さん向けの贈り物で、かなり売れているそうです。

そんな「売れる要因」など、最初から気づける人は少ないと思います。

ところが、何度も「この商品、こうすれば売れないかな」とやっているうちに、いつかこうしたツボにはまることがあるのです。

それまでは何度も実験をする気持ちで、楽しんでいけばいいと思います。

「一勝九敗」ということをよく言うのは、ユニクロをつくり上げた柳井正さんです。つまり、あの大経営者でも、10回トライして1回成功したら「それでよし」と考えているわけです。私たちがたった1回で即成功すると考えるほうが、むしろおこがましいでしょう。

また音楽のような才能で決まりそうな分野でも、「一流と二流を分けるのは練習量だ」

と、ドイツの音楽学校が明確に断言しています。成功に近づくには、何ごとも数をこなすのが一番効果的な方法なのです。

あなたの商品・サービスを待っている人は、世の中に必ずいる

私自身これまで、何度も何度も試行錯誤を重ねながら、さまざまなノウハウを生み出してきました。別にこれといって特別な才能があったわけではありません。

アンケートだって、マンダラだって、古くからあったものです。

ただ、試行錯誤した結果、「顧客満足度調査でなく、最初から広告をつくるためにアンケートを使おう」「目標達成でなく、広告作成にマンダラを使おう」と、数をこなしているうちに「うまくいく方法」にたどりついたのです。

でも、そんなふうに、何度もトライしてたどりついた方法だからこそ、多くの方がそのまま使いこなせるものになったと思うのです。

それは明らかに「この方法の強み」だと思います。

この本を読んでやってみたけど、うまく書けなかった。そんな方は、もしかしたら自社の商品について、いままであまり深く考えてこなかったのかもしれません。だとしたら、

この機会にぜひ、いろいろと考えてみてください。

この本では紙面の都合とわかりやすさを重視するために、あえて「A4」1枚片面チラシの商品（サービス）版しかご紹介しませんでした。自分の商売と質問、キーワード、レイアウトが合わず、つくりにくかった方もいらっしゃったかもしれません。「マンダラ広告作成法シート」は他にも、ランディングページ版や会社（お店）版をはじめさまざまなものがあります（この本の中でも違うバージョンが載っていたと思います）。

他の「マンダラ広告作成法シート」や実際の事例が見てみたい方は、全国にいる「マンダラ広告作成法」のアドバイザーに相談してみてください。詳しくはこちらをご覧ください。

https://a4kikaku.com/

しかし、一番よいのは汎用の「マンダラ広告作成法シート」を使うのではなく、自分の商売にピッタリの質問やキーワードが書かれているオリジナルの「マンダラ広告作成法シート」をつくりあげ、それでチラシやランディングページをつくることです。白紙のシートを付録として付けておきましたので、ぜひ、そこに自分の商売に合いそうな質問やキーワードを書き込んでいってください。

そしてそれをもとにチラシをつくってみてください。これを繰り返すことで「この質問よりこっちの質問の仕方がいいのでは？」「このキーワードよりこっちのキーワードのほうがよりよい答えがでてくるのでは？」というのがわかってきて、あなたの商売にピッタリの「マンダラ広告作成法シート」が出来上がるでしょう。そしてそれが出来上がってしまえば、さらに売れるチラシが短時間でつくれるようになります。それをもとに部下の方につくらせれば、未経験であっても最初から精度の高いチラシがつくれ、スタッフ全員が即戦力になり、雪だるま式に売上が上がっていくでしょう。

あなたの商品・サービスを待っている人は、世の中に必ずいます。

ぜひ本書のノウハウを、上手に活用してビジネスに役立ててください。

本書を最後までお読みいただきまして、ありがとうございました。

著者

成功事例提供アドバイザー
東京都・弘中正年／静岡県・神南臣之輔／愛知県・大見和志／京都府・振本一／大阪府・浅野雅義／福岡県・山田修史／鹿児島県・佐々木こづえ／沖縄県・豊平尚哉

［著者］
岡本達彦（おかもと・たつひこ）
株式会社アカウント・プランニング代表取締役
販促コンサルタント

広告制作会社時代に100億円を超える販促展開を見て培った成功ノウハウをベースに、難しいマーケティングや心理学を勉強しなくてもアンケートから売れる広告を作る手法を日本で初めて体系化する。業界を問わず、お金をかけないで簡単にでき、即効性もあることから、全国の公的機関、経済団体、フランチャイズ本部からセミナー依頼が急増し、社内に仕組みとして取り入れたいという会社からのコンサルティング依頼はあとを絶たない。著書にアマゾン上陸15年、「売れたビジネス書」50冊にランクインし、販促書籍のベストセラーとなった『「A4」1枚アンケートで利益を5倍にする方法――チラシ・DM・ホームページがスゴ腕営業マンに変わる！』（ダイヤモンド社）などがある。

「A4」1枚チラシで今すぐ売上をあげるすごい方法
――「マンダラ広告作成法」で売れるコピー・広告が1時間でつくれる！

2021年11月2日　第1刷発行
2024年3月7日　第3刷発行

著　者――岡本達彦
発行所――ダイヤモンド社
〒150-8409　東京都渋谷区神宮前6-12-17
https://www.diamond.co.jp/
電話／03･5778･7233（編集）　03･5778･7240（販売）

装丁――――山之口正和（OKIKATA）
本文デザイン&DTP―梅津由紀子、二ノ宮匡（ニクスインク）
編集協力――中川賀央
企画協力――ランカクリエイティブパートナーズ
校正――――鷗来堂
製作進行――ダイヤモンド・グラフィック社
印刷――――勇進印刷（本文）・新藤慶昌堂（カバー）
製本――――ブックアート
編集担当――高野倉俊勝

ISBN 978-4-478-11388-2